倾国倾城
杨玉环

姜 越◎编著

郑州大学出版社

郑州

图书在版编目（CIP）数据

倾国倾城——杨玉环 / 姜越编著 . —郑州：郑州
大学出版社，2019.6
ISBN 978-7-5645-6264-9

Ⅰ.①倾… Ⅱ.①姜… Ⅲ.①传记文学－中国－当代
Ⅳ.① I25

中国版本图书馆 CIP 数据核字（2019）第 076255 号

郑州大学出版社出版发行
郑州市大学路 40 号   邮政编码：450052
出版人：张功员   发行部电话：0371-66658405
全国新华书店经销
河南龙华印务有限公司印制
开本：710 mm×1 000 mm   1/16
印张：17
字数：224 千字
版次：2019 年 6 月第 1 版   印次：2019 年 6 月第 1 次印刷

书号：ISBN 978-7-5645-6264-9   定价：49.80 元
本书如有印装质量问题，请向本社调换

前 言

　　杨玉环是我国民间家喻户晓的人物，传说中的古代四大美女之一。她和杨氏家族得到唐玄宗的特别恩宠，显贵一时，但也在"安史之乱"中受到毁灭性打击，她本人在兵变中死于马嵬坡。

　　对于杨玉环，人们一直争论不休，有人说她祸国殃民，引来安史之乱，使得天下生灵涂炭，唐朝自此一落千丈；也有人说她是无辜的，唐玄宗寻欢作乐、不问政事，时局不是一个小女子能控制的。

　　杨玉环姿容出众，不仅体态丰腴，肌肤细腻，且面似桃花，这对于重声色的唐玄宗也是具有吸引力的。然而，最能使唐玄宗如痴如狂地迷恋杨玉环的，应是她过人的聪颖，善于掌握男人的心理。例如在她被赐死时竟也毫无怨言，这又怎能不使玄宗皇帝日后此恨绵绵无绝期，直至抑郁而死呢！

　　本书通过十多个故事对杨玉环的一生做了详尽的描述，包括她的出生、幼年、成年，以及入宫、被赐死等各个时期的故事。

　　本书参考了近现代史学家们写的人物传记等，尽量用通俗的语言，将一个鲜活的杨贵妃呈现在大家面前，借此也想和大家一起分享读史的快乐。"以史为镜，可以知兴替"，读史可以使人成熟、使人睿智，使人获得无比的快乐！

　　那不衰的千古绝唱和残血孤悬的马嵬坡，从遥远的盛唐遗存当下，依然那样的绚烂、那样的动人。那浪漫的气息，萦袅千年流光

1

的传奇，没有远去的隔断，没有陈旧的陌生，依旧那样的鲜活。一如欣赏一个现代的故事，不忍看马嵬坡的夕阳，为那突然结束的芬芳之旅感伤，为那残缺之美叹息。

目 录

第一章　绝代名姬，皇子倾心爱如火

杨玉环天生丽质，具有一定的文化修养，性格婉顺，精通音律，擅歌舞，善弹琵琶。白居易在《长恨歌》中描述其：天生丽质难自弃，一朝选在君王侧。其音乐才华在历代后妃中鲜见，被后世誉为中国古代四大美女之一。

天生丽质，貌美如花 …………………………… 2

嫁给寿王，美好爱情 …………………………… 10

爱火蔓延，初见唐玄宗 ………………………… 16

鬼魂惊心，后宫迷乱 …………………………… 24

第二章　万千宠爱，凤凰枝头诉幽情

"回眸一笑百媚生，六宫粉黛无颜色。"杨玉环自入宫后，遵循封建的宫廷体制，不过问朝廷政治，不插手权力之争，以自己的妩媚温顺及过人的音乐才华，得到唐玄宗的百般宠爱。唐玄宗一生最钟情的妃子，前有武惠妃，后有杨贵妃，但相比而言他更爱杨贵妃。

幽情再续，难舍难离 …………………………… 62

专宠贵妃，倾国佳人 …………………………… 75

一人得道，鸡犬升天 ……………………………… 88

君王笑看，美人相伴 ……………………………… 104

第三章　倾国倾城，人生苦短醉光阴

杨玉环若生在别的年代，或许成不了杨贵妃。唐朝人以丰腴为美，杨玉环则"凝脂胭华"，连"脂肪"都开始"凝集"，像"胭脂"一样散发着"华丽"的色彩。她一入宫便集"三千宠爱在一身"。杨贵妃虽无皇后之名，但得皇后之实，而且比一般的皇后更受尊宠。

后宫风云，斗智斗勇 ……………………………… 114

梅妃侍寝，惹怒贵妃 ……………………………… 122

抗命出宫，心生嫉妒 ……………………………… 132

第四章　祸起萧墙，人生处处有危机

由于杨贵妃得到重宠，她的兄弟均被赠高官，甚至远房兄弟杨钊，也被赐名国忠，身兼支部郎中等十余职，操纵朝政。朝廷间暗波涌动，人人自危，杨贵妃则在这样一个钩心斗角的皇宫中生活着。

奸雄当道，朝臣互斗 ……………………………… 154

钩心斗角，危机四伏 ……………………………… 163

塞外战事，边疆侵扰 ……………………………… 174

笼络人心，养虎为患 ……………………………… 193

第五章 马嵬身死，此恨绵绵无绝期

"安史之乱"后，唐玄宗接受了高力士的劝言，为求自保，不得已之下，赐死了杨贵妃。杨贵妃最终用唐玄宗所赐的白绫，缢死在佛堂的梨树下，时年38岁，这也是白居易的《长恨歌》中所写的"六军不发无奈何，宛转蛾眉马前死"。

乱世朝廷，风烟尘土 ………………………… 212

马嵬惊变，贵妃惨死 ………………………… 224

爱恨情深，思念成殇 ………………………… 246

情难自制，唐玄宗病亡 ……………………… 254

后记 ………………………………………… 263

第一章

绝代名姬，皇子倾心爱如火

　　杨玉环天生丽质，具有一定的文化修养，性格婉顺，精通音律，擅歌舞，善弹琵琶。白居易在《长恨歌》中描述其：天生丽质难自弃，一朝选在君王侧。其音乐才华在历代后妃中鲜见，被后世誉为中国古代四大美女之一。

天生丽质，貌美如花

大唐开元七年，一个水灵灵的女孩降生到蜀州司马参军杨玄琰家中，这个女孩就是后来历史上大名鼎鼎的贵妃——杨玉环。杨玄琰看着这个粉脂玉面、特别可爱的女娃，心中不禁增添了几分怜爱之情。玉环在父母宠爱的滋润下一天天成长。

杨玉环从小就特别爱动，喜欢屋里屋外地乱跑。父亲见她如此活泼，便请人教她学习舞蹈和音乐。她也很感兴趣，学得非常认真。一段时间以后，她已经可以独立地跳上一曲了。

杨玉环小的时候就特别喜欢吃荔枝。杨家的前院有一棵非常茂盛的荔枝树，每年不等荔枝成熟，玉环便站在树下嚷着要吃。于是，父亲就从树上摘下几颗青涩的荔枝送到玉环胖胖的小手中。她迫不及待地咬下去，然后"啊"地吐出来，父亲在一旁慈爱地笑着，于是，玉环噘起小嘴，生气地说："爹爹，你骗人。""是你嚷着要吃的嘛！"父亲和蔼地答着。童年的生活总是快乐并且让人留恋的。

可惜的是，杨玄琰的身体一直不太好。到了玉环10岁那年，杨玄琰的病更加严重了，甚至到了不能办公的地步。一天中午，玉环正在荔枝树下玩耍。她时而抬头看看荔枝树，时而看看地下的小虫，阳光透过树叶洒在她的脸上，照出一脸的美丽和活泼。这时，她惊喜地发现似乎有一颗荔枝熟了，于是，她一蹦一跳地跑到父亲的书房，嚷着要父亲给她摘荔枝吃。可是，一向勤奋的父亲，今天竟然没在书房办公。小玉环便来到了父亲的卧室。此刻，父亲正躺在床上，安详地睡着。玉环摇着父亲的胳膊，撒娇地喊："爹爹，快起床，爹爹，该起床了。"可是，任凭她怎样呼喊，父亲仍然安静地睡着，似乎没受到任何的打扰。小玉环急了，哭着去找母亲。母亲一看躺在床上的丈夫一动也不动，就一遍遍地喊着他的名字，想让他醒过来，可他最终也没有醒来。这个柔弱的女人此时表现得异常坚强，她知道，玉环还小，还无法理解和承受失去父亲的悲痛。所以，她强压着心中的悲痛，平静地对玉环说："玉环，你父亲睡着了，去了另外一个地方，最近都不能回来了。玉环要乖，父亲虽然不在身边，可是玉环做什么父亲都知道，也会支持你的。"玉环在似懂非懂中陪母亲办理了父亲的丧事。

杨玄琰走了，这个家庭也失去了顶梁柱，孤儿寡母的生活很是艰难。还好，不久以后，杨玄琰的弟弟杨玄珪来到了这里，将嫂嫂和哥哥的遗孤接到洛阳和他们一起生活。

转眼间，玉环母女已经在洛阳住了快半年了，玉环也渐渐适应了这里的生活，和叔叔一家人也都相处得很好。叔叔快过生日了，玉环想："送给叔叔什么生日礼物好呢？"玉环的母亲其实已经想好了，她准备让玉环在杨玄珪的家庭生日宴上跳一段舞蹈，既可以让他开心，也能让他看到玉环舞蹈方面的才华，从而为她争取到继续学习舞蹈的机会。玉环的母亲亲手为玉环缝制跳舞时要穿的裙子。很快，杨玄珪的生日到了，玉环穿着美丽的裙子走到叔叔面前，既兴奋又紧张。随着音乐响起，玉环翩翩起舞，完全忘记了之前的紧张，她的舞姿活泼、美丽、轻盈，感染了在场的每个人。玉环的母亲在一边看着，也满意地笑了。

一曲舞罢，杨玄珪拍手称赞："早听说玉环舞跳得好，今天看了果然很有跳舞的天资啊。""小叔过奖了，玉环小时候在蜀州曾有专人教授她舞蹈，否则也不能跳得这样好。"玉环的母亲适时地补充道。"原来是这样。这孩子这方面还真是挺有天分的，明天给她请个老师继续学习吧。不过，也就是当兴趣玩玩，可不能太认真啊！"杨玄珪的话说到玉环母亲心坎里去了。玉环喜欢跳舞，可在当时，专门跳舞的人是歌舞伎，官宦家的女儿是不能染指的。所以玉环开心可以玩玩，但确实不能太认真。但玉环还小，她不懂得这许多，她只知道叔叔要请老师教她跳舞，因此非常开心。

在叔叔家，玉环有时学习跳舞，有时和哥哥读读书，有时和姐姐们出去玩，虽然有时也会很想念父亲，想念蜀州的那个庭院，但洛阳有很多新鲜的东西，所以玉环的日子还是过得挺开心。可是，玉环的母亲却常常睹物思人、悲从中来，加之身体本来也很柔弱，于是渐渐地憔悴起来，不久也离开了人世。

叔叔和婶婶看到玉环小小的年纪便相继失去了父母，很是怜惜，便对玉环倍加怜爱。所以，玉环虽然失去了父母，但得到的父爱、母爱并不曾减损。后来，她便直接称呼婶婶为母亲、叔叔为父亲。

时间悄然划过，玉环转眼间已经是个亭亭玉立的大姑娘了。她能歌善舞、笑靥如花，加上活泼好动，芳名便渐渐在洛阳城里传播开来。叔叔和婶婶看着这个貌美的"女儿"，心里开始筹划着为她找个好夫家，毕竟玉环已经到了成婚的年龄。玉环也常常做着自己的梦，猜想着自己的真命天子是什么样子的。但是她从来没想过自己会嫁入皇家，叔父只是个七品小官，是从没奢望过能攀上高枝的。

大唐开元二十二年，人们还沉浸在新年的喜悦当中，因长安城粮食歉收，物价吃紧，唐玄宗带着文武官员、宫妃、皇子、公主来到洛阳，以缓解长安粮食紧张的压力。皇帝一行给洛阳城增添了喜悦的气氛，人们欢呼雀跃地迎接大唐天子。

随着皇帝的到来，很多人都聚集到了洛阳。文武百官互相走动，杨家也开始热闹起来，其中最为显贵的便是时任监察御史的杨慎名。杨慎名与杨玄珪同属杨姓，并且都自称是东汉太尉杨震之后，因此杨玄珪在京做官时两人关系就比较好，走得也比较近。

杨玄珪的曾祖父杨汪曾做过隋朝尚书，而杨慎名的祖先曾做过隋朝的皇帝，这也是他在唐朝得以被任用的原因之一。隋朝末代皇帝杨广在江都被杀，其子杨暕也被杀，杨暕的夫人后来生下了一个遗腹子叫杨政道，而杨慎名正是杨政道的孙子，所以也算是出身名门了。唐太宗李世民为人心胸宽广，一直善待杨家后人，因此，杨家的后人在唐朝几乎代代为官。杨慎名这次随皇帝出行，家眷也都跟随而来。

两家的走动越来越多，孩子们便也彼此熟悉起来。杨玉环经常到杨慎名家做客，很得杨慎名妻子的喜欢，经常邀请她参加内室宴会。杨玉环在宴会上一出现，总会艳惊四座。大家纷纷打听这个美人儿是谁家的闺女，她的美貌一时之间传播开来。

大唐开元二十三年，唐玄宗皇帝最宠爱的女儿咸宜公主出嫁，嫁的正是李显与韦皇后之女长宁公主的儿子杨洄，当时，在洛阳举行了非常隆重的婚礼。咸宜公主是皇帝宠妃武惠妃的女儿，武惠妃是武则天侄子的女儿。在当时，武惠妃一人得宠，行皇后之职，她的女儿出嫁，自然也就不比寻常公主了。一次，长宁公主来杨慎名家做客，正好遇到了同来做客的杨玉环，长宁公主看到这个女娃青春可人、貌美如花，很是喜欢，于是便邀请她做咸宜公主的伴娘。

咸宜公主的伴娘一共有8人，除了杨玉环外，其他7人都是皇亲国戚。因此，玉环既感到荣幸之至，又感到莫名紧张。她很懊恼自己平时没有多学习些礼仪，把时间都花在了跳舞和玩耍上。为公主做伴娘，玉环此时既感到兴奋极了，又感到焦躁万分。

公主大婚，果然来了好多人，场面宏大，人声鼎沸。玉环站在公主身边，用眼睛偷偷打量着到场的人，心里不由得感慨道："皇室子女结婚就是不比我们平常百姓啊！"因此也不免生出几分羡慕之情。玉环只顾着打量周围人，却没发现下面有个人正在打量着她，这就是咸宜公主的哥哥——寿王李瑁。

玉环毕竟是个美人坯子，站在其他7人当中已是光彩非常了，加之今天又施以粉黛，更增添了几分美丽，因此，站在咸宜公主身边的玉环吸引了在场很多人的目光。许多人只顾打量着这个丰腴、俏丽的美人，却忘了今天的主角是咸宜公主，李瑁便是这其中的一员。咸宜公主也不生气，反而以有这么一位貌美的伴娘而自豪。

婚礼进行得很顺利，玉环也表现得很好。回到家后，玉环深深地舒了一口气。虽然不是很紧张，但这毕竟是玉环经历过的最大的场面了。她独自坐在床头，激动地回忆着婚礼上的细节，这时，一双热辣辣的眼睛出现在她的回忆中。她记得有一个身穿白衣的公子在婚礼上一直看着她，但她又不好意思去回看他，因此，她不知道他是哪家的公子。但是，玉环的心已经微波荡漾了。

过了几天，杨玄珪府门前来了一辆豪华气派的宫车，原来是咸宜公主来接玉环去她家玩。在婚礼上玉环给咸宜公主留下了很好的印象，两人年纪也相仿，所以很谈得来。当得知玉环喜欢跳舞后，咸宜公主甚至调皮地要玉环教她跳舞。咸宜公主没有跳舞的底子，因此学起来很吃力，但是玉环常常鼓励她，并以身示范。所以，在学习跳舞的日子里，公主和玉环的感情也随着接触而愈加深厚起来。

这天，玉环正在咸宜公主府上与她相谈甚欢，仆人回报说寿王来了。玉环赶紧要回避，咸宜公主说："寿王是我的亲哥哥，为人也和蔼，你不用回避。"玉环只好站在咸宜公主身旁，心里很是忐忑。这时，一个身穿白衣的翩翩公子走了进来。玉环看着他，觉得非常眼熟："这不是在公主婚礼上看到的那位公子吗，原来是个皇子，难怪气度非凡。"玉环心里想着，却假装不认识，因为，她不知道寿王是否还记得她。显然，寿王也注意到了眼前这位美女，于是，经过成宜公主的引荐，两人算是正式认识了。但是玉环不知道，寿王在婚礼那天就喜欢上了她，今天就是听说她在妹妹府上而特意赶来的。

刚开始，气氛有些紧张，玉环也表现得很拘谨。这时，咸宜公主提议要给哥哥表演自己新学习的舞蹈，可有些动作还并不是特别熟练，于是她拉着玉环一起跳了起来。坐在一旁的寿王没想到美丽莹润的玉环竟跳得如此优美，这在贵族子弟当中实在是很少见的。时间过得是那样快，玉环的舞蹈结束了，而寿王和玉环都意犹未尽。中途退下场来的咸宜公主将一切都看在眼里，心里猜想到哥哥这回是动了心了，应该为哥哥多创造些机会才是。于是，她有意让玉环和哥哥坐得近一些，也找些共同的话题来谈，甚至谈到了哥哥小时候的一些顽皮事情，惹得玉环也哈哈大笑。玉环发现，寿王不像其他皇子那样清高孤傲、难以接近，而是非常随和，还很幽默呢！这次相见，两人都很愉快。回到家后，玉环一直回想着这次意外的邂逅，心里想着什么时候才能再见到寿王。

接下来的日子非常难挨，玉环常常盼望着能够再见到寿王，说不定可能会在大街上碰到呢！还没等玉环在街上碰到寿王，咸宜公主就又请她过去玩了，恰巧寿王也在。当然，这是咸宜公主在两人都不知情的情况下安排的，好制造偶然见面的机会。

寿王见到玉环是又惊又喜。三个人坐了下来，谈洛阳、谈长安。玉环以为洛阳已经很美很繁华了，可是寿王口中的长安城繁华热闹更胜洛阳许多，看着寿王津津有味地谈论着长安城，玉环不禁对生活在那里的人又增添了几分羡慕之情，她也是很喜欢热闹的呀。

一会儿，咸宜公主有事情要临时走开，因此嘱咐哥哥："哥哥，替我带着玉环四处走走，玉环来了许多次，还没去过后花园呢。"于是寿王带着玉环来到了驸马府的后花园。驸马杨洄是长宁公主的儿子，又娶了皇帝最宠爱的女儿，因而驸马府的布置还是很豪华的。后花园很大，里面有很多的奇花异草。两人信步走着，微风吹来，吹起了杨玉环鬓前的青丝。寿王温柔地看着她，心想："身边的花儿再美也没有眼前这个美人美啊。"于是，情不自禁将她搂入怀中。玉环的脸上泛起一抹红晕，心底的幸福一圈圈地漾了起来。自此之后，两个人经常在咸宜公主这里见面，有时三人也相约一起出去游玩。

待时机成熟，咸宜公主便向双方提出了谈婚论嫁的问题。能嫁给寿王，杨玉环当然开心地同意了，寿王也开心地答应了。咸宜公主很开心，自己的哥哥终于找到了心上人，还是这么个大美人。当杨玄珪接到寿王的聘礼时，简直不敢相信这是真的，他没想到自己的侄女竟飞上枝头，嫁给了一个皇子。当然，他保持了应有的清醒，大方有礼地接受了对方的聘礼并商量了成婚的日期。这时，杨玄珪意识到，他们杨家的命运可能会因此改变，他也可能因此实现多年的夙愿——回长安做京官。但是，此时的他远没想到在不远的将来，他们杨家竟因为这个女子而走上权势的顶峰。

寿王和杨玉环的婚礼比咸宜公主的还要盛大、壮观，全洛阳人共同庆祝。杨玉环幸福极了,她嫁给了皇族,还是一个爱自己胜过一切的风流倜傥的皇子。

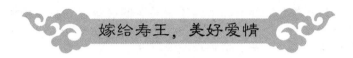

嫁给寿王,美好爱情

春天的美好并不难发现,真正能感受到春天气息让自己的脉搏与大自然一同跳动、一同欢欣鼓舞的,却只有那些历尽了人世沧桑的心灵和生长着爱情种子的年轻生命。

此刻的寿王夫妇,这对新婚宴尔的年轻人,正像这季节一样,美丽、昂扬,洋溢着不可遏止的生命力。他们整天相依相伴,如漆似胶。寿王李瑁为了在家陪伴妻子,除了例行入宫省侍外,把其他的各种各样的交游一概放弃。那些王兄王弟以此作为笑料打趣挖苦他,他也全都置之不理,因为他不忍心让新婚的如带露的花朵一样的小妻子独自闷在家里,忍受孤单与寂寞的肆虐。玉环也从心眼里感激丈夫的温柔体贴,在李瑁的怀抱中她显得更娇憨、更炽热、更柔情。时光像跳荡的溪流,欢快地从他们身边流过。

一天傍晚,李瑁从宫中省侍归来,一边让侍女帮着换衣服,一边对玉环说:"今天真有趣,父皇和母后都问起了你,母后说你和她年轻时相仿。"

"是吗?"玉环睁大两只明亮的眼睛,笑着问。

"谁知道，反正现在我怎么看你们两个都不一样。"李瑁褪下朝服，身着便装，显得更为潇洒俊爽。

玉环笑盈盈地望着他，说道："母后都40多岁了，我们怎么能一样呢。"

李瑁忘情地盯着玉环，轻轻移到她身旁，含情脉脉地说："别这么对我笑，我会迷失在你嘴角的酒窝中。"

玉环看了一眼已经走出他们寝室的侍女，把头靠在了李瑁的胸前。李瑁小心翼翼地捧起她的脸，像一个孩子捧起一泓清泉。四只黑而亮的眼睛对视着，他们在对方的瞳仁里发现了自己那纯情的脸，那火一样的目光。

然而，一抹暗影正渐渐向他们晴朗的生活天空移来，像一声声阴毒的诅咒，暗暗插入正在演奏的欢快乐曲中。

由于离权力太近了，不论你愿意与否，你的身上总要溅上政治斗争的血污。

或许因为是女皇帝武则天的后裔，武惠妃有着武氏族人一样的机智和阴狠。看着已经长大成人的儿子，她想制造一个皇帝的愿望越来越强烈。

从开元二十四年秋天开始，各种关于太子李瑛的密报接连不断送到唐玄宗手中。终于这位英明的皇帝再也坐不住了，他不能偏居洛阳，任太子和一帮老臣目无君父地擅作主张，乃至如密报所暗示的——图谋不轨。

原定次年春天回长安的唐玄宗，终于在开元二十四年十月离开洛阳，奔潼关一路西去。

李瑁和杨玉环也随着浩浩荡荡的人群，告别洛阳迁居长安了。

唐玄宗到达长安以迅雷不及掩耳之势，首先罢免了宰相张九龄。张九龄精通儒学，以孔孟之徒自诩，时常援引先代事例，以相权遏制皇权，因之，引起了唐皇的极大不满，甚至猜忌他与到处谣传的太子的作为有瓜葛。

罢免张九龄后，他任命李林甫为首席宰相。至于左相，他选用了一直受到张九龄压制的朔方节度使牛仙客。

原来牛仙客在担任河西节度使时，节俭开支，辛勤工作，使得仓库充实、器械精良。李隆基得知后特别欣赏，想提升他做尚书。张九龄却反对说："尚书一般是由担任过朝廷内外重要官职、有崇高道德威望的人来担任，牛仙客昔日不过是个河湟小吏，现在一下子担任这样高的职务，天下恐怕会议论纷纷，请陛下三思。"

唐玄宗见他态度很坚决，只好说道："那就给他一个实封吧，你看封什么好呢？"

谁知张九龄又往地上一跪，仰脸说："实封是用来封赏功臣的，牛仙客做的都是职分内的事，谈不上有功。陛下若想奖赏他勤恳，赐他金帛就是了。"

唐玄宗心想，多少大臣连分内的事都做不好，能尽职尽责做好自己的工作不就是有功吗？想归想，他并未说出，也没发作。一方面，他不愿和这么一个倔强的臣子斗嘴，以免失了帝王的威严；另一方面，牛仙客究竟如何自己毕竟不太了解，万一现在封赏了他，将来有了什么差错也不好交代。因此，摆手一笑，此事算作罢了。

李林甫明白唐玄宗的心思，一天背着张九龄，对唐玄宗说："牛仙客是宰相之才，何况当个尚书！张相读书太多，有时未免拘于文法，难识大体。"

唐玄宗一听特别高兴，问道："牛仙客真行吗？"

李林甫忙回答说："陛下放心，臣见过此人，确是个勤谨认真的干才。"

于是，次日朝会时，唐玄宗提出又要赐牛仙客实封。张九龄离开文臣的首席位置，跪在地下，一挺脖子，依然表示反对。

唐玄宗不禁勃然大怒，喝道："朕贵为天子，统领天下，难道凡事都要由着你吗？"

张九龄叩了个头，坚持道："臣不敢专权，我只是为陛下尽忠。陛下不嫌我愚鲁，让我担任宰相，所以，只要有不妥之事，我就要把自己的意见说出来。"

唐玄宗怒冲冲道："封赏牛仙客有什么不妥当，你不就是嫌他出身寒微吗？"他忽然语气一转，尖刻地说："可你不想想，你出身什么门第呢？"

张九龄顿时满脸通红，胡须一翘，抑扬顿挫地说："我出身岭南寒微家庭，还不如牛仙客有幸生在中原，但是出入中央机枢，负责起草诏令已有多年。而牛仙客不过是个边疆小吏，认字很少，如果任命他为国家重臣，恐怕有负朝廷厚望，臣以为不可。"

李林甫见皇上鼻子里哼了一声没再答话，便走出朝班，跪在张九龄身旁说："为人臣关键是有才识，而非那些大而无用的学问！天子用人，重在理政治民，只要做事做得好，予以重用，有何不可？"

这场争论，当时是张九龄胜利了，牛仙客终于未得到实封。然而如今张九龄却成了一个失败者，随着他被罢相，牛仙客不仅升为副宰相，而且唐玄宗还赐他爵陇西县公，食实封三百户。

张九龄被罢相不久，太子李瑛、鄂王李瑶、光王李琚都被以有"异谋"的罪名废斥为庶人，监于宫中东城。

由于武惠妃受宠，他们三人的母亲赵丽妃、皇甫德仪、刘才人都受到冷落，因此三位王子很为母亲不平，常常在宫里宫外发些牢骚，寿王李瑁的亲姐夫驸马都尉杨洄到处侦查这三个皇子的过失，报告给武惠妃，武惠妃则趁机告诉唐玄宗。一天，她将得到的消息添油加醋，给唐玄宗说了一遍后，哭道："太子偷结宗派，想要害我母子，还到处指责至尊。皇上，你可要替我们做主啊！"

唐玄宗当时就想废掉这三位皇子，由于张九龄等人一再力保，并用历史上皇嗣争位的惨痛教训反复劝说，唐玄宗虽然不高兴，也勉强听从了。

武惠妃得知是张九龄在中间作梗，曾秘密叫官奴牛贵儿对张九龄说："有废必有兴，您帮助了武娘娘，就可以永远做宰相！"

张九龄当时斥退了牛贵儿，并把这番话汇报给了皇上，此后曾有一段时间，唐玄宗没再提太子废立之事。

如今张九龄已经被罢相，朝中再也无人敢替太子说话。

三位皇子被囚后，太子李瑛的妻兄驸马薛锈家的人、李瑛的舅舅赵家的人、李瑶的舅舅皇甫家的人纷纷使人贿赂内侍，打探消息，企图寻找机会营救。

然而，这些情况又一次为杨洄获得，他立即报给了武惠妃，武惠妃又立即告诉了唐玄宗。

唐玄宗一听大怒，他不能容忍这帮人背着他活动，同时也更坚信他们在图谋不轨。于是他连夜召开御前会议，和宰相们商议处置办法。

李林甫见皇上问他有何意见，便狡猾地说："这是陛下的家事，臣等不应掺和。"牛仙客也跟着附和了几句。

唐玄宗见大臣并不反对，当即下定了斩除后患的决心，诏命将三位皇子和驸马薛锈赐死，被株连而流放的有数十人。

太子死了，为寿王李瑁继承大统的道路扫清了，然而武惠妃和寿王李瑁却都高兴不起来。

寿王李瑁不高兴，因为他对母亲的做法很不赞成。这些事起初他并不知晓，待他知道了却木已成舟，不可挽回了。他虽然生长在政治的旋涡中，然而这却是他遭遇到的第一场政治风暴。他还不能适应那种血腥味，亲兄弟的惨死，常常使他在暗夜惊醒，浑身战栗。每当这时，他便在漆黑的夜色中紧紧地抱住玉环。玉环被他弄醒了，便也紧紧贴在他身上。于是，像两条离开了水的鱼，他们紧紧地粘连在一起。只有陶醉在玉环那软若无骨的肉体上，他那紧张的灵魂才能得到片刻的松弛。

从此，寿王李瑁到宫中省侍母亲的次数愈来愈少，"母亲太残忍了。"每当看到母亲，寿王李瑁心中便暗暗地涌起一种不满乃至厌憎。

武惠妃的日子更加难熬，除掉太子后，胜利的笑容还没来得及在她的嘴角绽开，一种无形的压力已向她头顶逼来。三位王子同时被赐死，一时内外震动，流言四起，而种种流言蜚语似乎都把矛头指向她——这个最受皇上宠爱的女人。

不久，她发现唐玄宗也已获知外边鼎沸的议论，他甚至为处死自己的亲儿子感到后悔，在她面前时时流露出烦恼与不安。尽管他竭力地掩饰着，还是没能逃过这个与他相处了20多年的聪明女人的眼睛。

发现了这一点后，武惠妃心灵深处便时时透出一股无名的恐惧，像一条冰凉的蛇从她的体内缓缓地爬着，缠绕在她身上。

而儿子李瑁简直伤透了她的心，她没料到这孩子这么没志气，这么胆怯。她的一番苦拼苦争白费了，就像女皇帝身上流来的滚热的血无声地流入冰凉的河中。

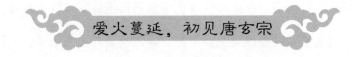

爱火蔓延，初见唐玄宗

杨玉环来到长安已有半年多了，可仍觉得住不惯。她想念洛阳那里的牡丹花，想念小妹阿怡。寿王在时，他们两人还可以嬉笑逗乐，有时再叫上几个侍女一同游戏，寿王不在时她便感到格外寂寞。

这天，寿王进宫后久久不归，玉环便在屋里坐卧不安，百无聊赖之际便叫来几个侍女，和她们跳舞歌唱。

玉环早在洛阳时就学过歌舞音律，因此和这些侍女们一起跳了会儿胡旋舞，她转得有些累，便坐在一旁，为她们奏乐。她击磬击得非常好，轻重缓急，把握得恰到好处，赢得众人阵阵喝彩。

她们正玩得兴起，忽见寿王走进来，他望着玉环笑道："好啊，趁我不在家，你们在这里取乐。"

侍女们见王爷回来，都赶忙停了舞步。寿王一见，忙道："接着跳！"他就势坐在玉环身边，拿过一个琵琶，陪着玉环弹奏。

终于一曲奏完，两人双目对视欢笑起来。

寿王连忙向玉环说："真对不起，都是我扫了你的兴，再接着玩吧。"

玉环轻轻摇摇头说："你来了我就不玩了。"

"为什么？"寿王瑁问道。

"有你在，不用玩，看你就行了。"玉环笑着说。

"你这小嘴！"寿王笑着揽住了她的腰。

侍女们看他俩的亲热样，都背过脸偷笑。寿王见状，向她们挥手道："都下去吧！"

侍女们出去了，寿王一把把玉环抱在自己腿上，热烈地吻着，随后又一把抱起她，两人一齐倒进纱帐中。

一直到很晚，寿王夫妇才用晚餐，匆匆吃了几口，他们又躲进了纱帐里。

在寿王与妻子快乐舒畅的时候，他的母亲武惠妃心头的浓云却越来越沉重。太子虽然诛除了，可这毕竟不是目的，怎样向皇上提出让自己的儿子继立太子，实在叫她费神。她时时想直接向皇上提出，她知道皇上对寿王也一向有好感，可是多年来她从未干预过政事，贸然提出合适吗？特别是在目前到处都是流言蜚语的时候。再说，皇上那么英明，对权力又那么敏感，后果不堪设想啊。

她曾派人暗暗请李林甫出面，举荐寿王。可是，皇上听了李林甫的举荐竟不置可否，这实在出乎她的预料。

其实，这时皇上也在为选择自己的继承人而绞尽脑汁。他也有心立寿王为太子，但是一来他觉得寿王不够刚毅，并且缺乏远谋深虑，恐非帝王之才；二来寿王是十八王子，上面那么多哥哥都在盯着这个座位，如果单单给了他，众人怎能服气，将来恐怕会兄弟相残，天下动荡。

心事重重的唐玄宗，颠来倒去地想着这个问题，总是不能决断。

一天，高力士侍候唐玄宗膳食，望着皇上闷闷不乐的样子，他关心地问道："陛下近来经常吃不下饭，是饭菜不合口吗？"

唐玄宗不禁皱眉看了他一眼，不耐烦地说："你是我家老奴了，还不知道我的心事吗？"

高力士忙小心地悄声问道："是不是因为太子还没定下来呢？"

唐玄宗沉重地点了点头："是啊。"说着长长地叹了口气。

高力士微笑，故意轻描淡写地说：“皇上何必这样费心思，只要立个年长的，谁还敢再争。”

唐玄宗听了这话，沉吟了一会儿，渐渐脸上浮现了笑容，连声说：“你说得对，你说得对。”

定下立长后，虽然没有公布，但唐玄宗在与朝廷重臣谈话中都隐约透露了一些口风。

不久，武惠妃和寿王也得到了这个消息，寿王倒不觉得怎样，武惠妃却感到遭受了莫大的打击。她虽然在人前依然强装着笑脸，但那种失意、疲乏与衰老，却清楚地写在她的脸上。

就在这时——深秋的一个夜晚，一切都在静寂中。武惠妃宫中值夜的一名侍女，在半夜时分偶然抬头向寝宫外望去，忽然看见三个浑身上下满是血污的男人，在月光下宫前的草地上疯狂地舞蹈着，嘴里喷出一串串蓝色的火苗。她不禁浑身一哆嗦，尖叫一声：“鬼！”便昏倒在地。

正在睡梦中的武惠妃被这声尖叫吓得一激灵醒了，忙命众宫女把昏倒的侍女救醒，问她究竟怎么回事。

侍女把看见三个男鬼的事说了一遍。她刚一说完，武惠妃就沉下脸来，喝道：“别看走了眼，瞎说！”

侍女吓得闭口不再言语，武惠妃又在侍女们的侍候下躺在床上。待她躺好，侍女们就离开了。她躺在床上，望着恍惚的烛光，回想着侍女的话，愈想愈恐怖，想要不想，却又不行，她的心因恐惧而剧烈地跳动着。

整整一夜，她睁着两只眼睛，听着窗外的风声，在床上缩作一团。

第二天，她病了，全身发烧，未能起床。

武惠妃的病使唐皇唐玄宗感到格外担心，当天他就赶来看望。武惠妃本不想让李隆基看见自己的病容，命内侍在寝宫门口拦阻他。

无奈唐玄宗执意要进来，内侍怎敢硬拦，只好向武惠妃通报一声，将他迎了进去。

武惠妃一见唐玄宗进来，忙挣扎着要坐起来行礼，唐玄宗伸手制止了她。

武惠妃躺在床上，望着唐玄宗无力地笑了笑，说"陛下，臣妾让你忧心了。"

早有两个宫女搬了椅子放在床前，唐玄宗坐定，含笑望着武惠妃道："为什么不让我进来？"

"我一脸病容，一定很丑陋，不愿让陛下看见。"武惠妃虽已40多岁，在唐玄宗面前依然显出一副娇羞的神态。

唐玄宗伸手抚摸着遮在她额际的长发，说道："其实，这样你依然很美。"

是的，躺在床上生病的武惠妃显现出一种不同于平时的美。

乌黑油光的长发，披散在描金的红缎鸳鸯枕上，衬得她的面庞与脖颈更为白腻。她的脸上固然没有了往昔健康时的神采，显得瘦弱而疲惫，像雨中一朵哀怨的花，使人心中涌起无限的怜惜。

唐玄宗在她额头抚了一会儿，说道："还有点烧，御医是怎么说的？"

"现在乍冷乍热的，许是伤了风寒。"武惠妃当然明白自己是恐惧忧虑过度，然而却不能这么说。

"天开始变冷了，是有些凉意。"唐玄宗看着屋外随风飘落的树叶说，然后又回头向侍立在旁的小宫女说："好生侍候武娘，外边风大，夜晚把门户关严些。"

小宫女们忙跪下应了一声。

武惠妃握着李隆基的手，说："陛下也要当心龙体，臣妾没什么大事，过两天就会好的，你不要挂心。"

"好好调养，等你大安后咱们到骊山去过冬。自从之前去东都以来，我们已经好几个冬天没到骊山了。"唐玄宗见武惠妃不是什么大病，觉得宽慰了许多。

两人正在交谈，忽听宫门守卫的小太监向内传报道："寿王殿下到。"

原来寿王李瑁得知母亲欠安，和妻子一起前来探望。

两人在宫外遇见和皇上形影不离的高力士，才知道唐玄宗也在这儿。于是，杨玉环急忙到其他的屋子里回避，让寿王自己先进来了。

李瑁一进屋，忙跪倒在地，向唐玄宗和武惠妃道："父皇母后安好？"

唐玄宗看着风姿俊爽的李瑁，微微一笑，和武惠妃对望一眼，说道："起来吧。"

不知为什么，每当有父亲在座，李瑁便感到有些拘谨，似乎有种无形的威严向他压来，听到父亲让他起来，便默默地站在一旁。

唐玄宗看了他一眼，问道："你怎么也来了？瑁儿。"

"回父皇，孩儿听说母后玉体欠安，所以匆匆赶来了，不知母后现在感觉可好些？"

"我本没什么事，不过是伤了点风寒，过一两日想来就会好的。武惠妃望着高大的儿子说，"你在家好好念书是正经事儿，何必急急地跑来。"

"因不知母亲病情，所以赶来探望，既然没大事，我也就放心了。"

"玉环呢，她在长安还住得惯吧？"

"回母后，刚来时不太习惯，现在好了。刚才我们一起来探视母亲，因听说父皇在这里，所以她回避到别的屋里去了。"

听到这里，唐玄宗笑道："都是一家人，让她进来吧。"

武惠妃见皇上这般说，便笑着对侍立在一旁的宫女说："去请寿王妃进来。"

不一会儿，玉环步态轻盈地走进来。她分别给唐玄宗和武惠妃行了礼，然后静静地站在一旁。

唐玄宗多次听闻这位儿媳长得漂亮，今日在近处细看，果然仪态不俗。她的面孔像春天，散发着清新的气息；她的体态雍容而妖娆，像水边的一株牡丹在风中摇摆。唐玄宗不禁在心里暗暗地叹了声："瑁儿真是有福啊。"

杨玉环也正在暗暗地打量着这位令万民敬仰的皇帝。和皇帝离这么近，玉环是第一次，因此兴奋中又有些紧张。她抑制着自己激动的心情，偷眼向唐玄宗望去。

只见他端正地坐在那里，从容而自信，魁梧的身材显得很高大，像耸立的山峰，俯视着整个世界。一种令人不得不顺服的威严，像空气弥漫在他四周，包围着每一个人。他的额头宽大而饱满，泛着一片智慧的光芒；两道乌黑整齐的眉毛下，是一双明亮的眼睛，此刻正闪烁着慈祥的目光；一副并不浓密的胡须梳理得很整洁，光滑地垂下来。

唐玄宗意识到儿媳正在紧张地观察自己，因而笑道："你们两个都坐吧，不必拘礼。"

杨玉环谦让了一下，还是和寿王一同坐下来。

唐玄宗亲切地问着杨玉环的家世，时而点头微笑，武惠妃和寿王偶尔也插上两句。

其实杨玉环的情况早在册封她为寿王妃前唐玄宗就已了解过了，只是时间长了，有些已忘记，所以不免又问了一遍。

面对皇帝的询问，玉环回答的既恭谨又详细。

唐玄宗发现不论怎么调节气氛，儿子和儿媳在他面前总是有些拘谨，于是和他们又说笑了几句，嘱咐了一下武惠妃，便起身离去了。

父皇一走，寿王李瑁和玉环都松了一口气，在武惠妃面前，他们显得从容自在多了。尽管不少人都说武惠妃阴险，在玉环看来，这位母后还是和善亲切的。

他们在这里坐了很长时间，直到用过午膳后才离去。

数日后，关于武惠妃生病的谣言开始在宫内外悄悄地流传，人们都说她是遭了鬼祟而得病的，更邪乎的说法是三位王子的鬼魂前来报仇。

谣言，总是像风一样飞快地在人群中穿来穿去，不知它自何处而生，也无法预料它至何处而灭，因而也是无可查稽的。

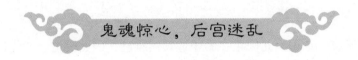

鬼魂惊心，后宫迷乱

皇宫有鬼的事传开了，于是，皇上在第二天的朝会上提出想要提前回京都，他原本是想在来年四月回去的。但中书令张九龄不同意，他说百姓的冬忙还没结束，现在回去，大队人马势必给沿途百姓造成侵扰，影响来年庄稼的收成。别的大臣也有阻拦，理由都一致。皇上见众大臣反对，心下徘徊，就没有强行决定。

下朝回到宫中，皇上来到武惠妃的身边，他把朝臣们反对此时回长安的意见告诉了她。武惠妃闷闷不乐，她涕告皇上，她恐怕不能活着回到长安了。这话让唐玄宗吓了一跳，他握着爱妃的手宽慰她说："你放心，我争取尽早回去。"

武惠妃之所以说那么重的话，是因为今天寿王府来人告诉她，寿王府也出现了鬼，寿王妃受到了惊吓。听到这个消息，她心中吃惊，因为寿王妃有孕在身，那是丝毫不能有差错的。此时，她有点后悔太严厉对待太子瑛了，以致引来了神明的震怒。

太子瑛和光王琚的余党本来只是想用此计吓吓武惠妃的，没想到竟大大出乎他们的预料，把武惠妃吓得着实不轻，现在她已经草木皆兵，夜不就寝，昼不安坐了。接着，他们又想到把这条计策用在寿王身上，也吓他一吓。这次更方便了，因为他们的住处与寿王连在一起，没费太多周折，就达到了目的。

虽然杨玉环没有武惠妃心怀谗杀太子瑛的鬼胎，但她终究是一个女人，着实也被吓得不轻。她不明白，鬼怪为什么会找上她。她自问从来没害过哪个人，也没得罪过谁，鬼怪为什么半夜来敲她的门？如果是在朗朗白日，她一定会认为是谁在和她开玩笑，但这是在黑夜中，阴森的气氛让她丝毫产生不出玩乐的心情。她紧紧依偎在寿王的怀里，身子瑟瑟发抖，平日洋溢全身的欢乐荡然无存。寿王也是一个懦弱的男子，但为了保护妻子，他强打精神壮起胆子，仗剑站在门边，仿佛随时与有可能破门而入的鬼怪决一死战。他们身心俱疲地度过一个又一个夜晚，直到东方第一缕曙光从窗棂射入室内，他们才如虚脱了似的松懈下来，衣带解地倒在床上。

在极度的惊吓中，在一夜接一夜无休无止的折磨中，杨玉环流产了。她痛哭流涕，像第一次遭遇伤痛一样，两行清泪从眼中流出。她一把抱住寿王，为他们的第一个孩子就这样离去而伤痛不绝，寿王也悲痛满心。他们突然感到自己是那么凄苦无助，连自己还没出生的孩子都保护不了。他们更紧地搂抱在一起，感到只有对方才是自己依靠的对象，除了对方，自己一无所有。世上虽有万人，真正相依为命的，能给自己扶持的，只有此时怀中的人。

寿王妃流产的消息很快传到了武惠妃那里，她让人去安慰寿王妃，并派去宫中最好的御厨，让他从饮食上好好调理寿王妃的身体，并告诫了一些必须注意的事，比如不可见风见光，离污秽的场所远些等。她的心中更沉闷了，认为有一些事是命中注定的，她在养育下一代上波折颇多，看来现在轮到寿王妃了。无论从哪方面看，她觉得都要尽快离开洛阳这个鬼地方为好。

武惠妃在督促皇上的同时，托人转告尚书侍郎李林甫，要他在朝会上做出赞成迁驾回长安的姿态。李林甫回话说，他照武惠妃的意思去办。等朝会上再次讨论是否可以回驾长安时，张九龄一派依旧固执己见，不赞成此时伤及稼禾的回驾。很有城府的李林甫没有当即说出自己的主张，他沉默地不开一言。等散朝时，他故意装作脚有点跛地落在后面，皇上看到了，问道："李尚书，你的脚怎么了？"

此时，李林甫看到众大臣都已经离开了，他回话说："臣向来有脚疾，不想此时又犯了。"

"那为什么不治治呢？"皇上关心地问道。

"回皇上，臣有一家奴，每当臣脚疾发作时，都是他手到病除。可惜临来长安时，臣没有把他带来，故臣才有这无备之痛。"

"如果此时能回长安，爱卿的脚疾当即刻痊愈，哪用受这番苦处？只是张中书一意阻拦，使之不能成行。"

李林甫见话题引到了正题上，于是故意面色郑重地说："陛下，恕为臣妄言，张中书所谓劳民伤禾，实有牵强附会之嫌。"

"噢，怎么说？"

"暂不说现在已经接近冬闲时节，正是锄藏民休的时候，该播种的已经下地，该收获的也已收割进仓，路过州府，一切供给只劳动少许百姓，怎能说耽误农时？再说，皇上车驾行进有序，只在官道上行进，怎说得上践踏田地，伤害稼禾？张中书只是一味地强调爱护百姓，拒绝回驾西京，而忘了普天之下，莫非王土，不去考虑皇上的需要，这未免有沽名钓誉之嫌。近来臣听说，宫内时有鬼祟作怪，已侵扰到皇上和嫔妃。臣没有听说有这样爱民的，为了几个小民的利益，而委屈至尊，以致行本末倒置之事。试问，如果皇上有了什么不安，牵动天下不宁，还有比这更大的损失吗？"

这番话，从李林甫嘴中娓娓道出，显然在他心中酝酿已久。一来顺了皇上的心意，二来暗损了张九龄，把张九龄爱护百姓的一番用心，说成是沽名钓誉的自私行为，直说得唐玄宗不住地额首称是。最后，唐玄宗说："李尚书，你且回去，朕自有决定。"

李林甫见他的目的已经达到，只是唐玄宗不好当着他的面说出决定就是了，于是也就心满意足地离开了，只是离开时，他还一跛一拐的，没有忘记他伪装脚疾这回事。

终于，唐玄宗不再顾中书令张九龄和许多大臣的反对，决定从洛阳回驾西京长安。

这是开元二十四年十月间的事。众官员们奔走相告，他们都喜笑颜开地谈论这件事，因为他们随从皇上来到洛阳已经整整有两年零十个月了。在他们的印象中，长安才是真正的京都，那里有他们真正的府邸、真正的家，洛阳的一切都是暂时的。整个洛阳城都在忙碌，人们收拾行囊装束，车马喧哗，一片嘈杂。

武惠妃脸上展露出笑容，她想，只要离开这个晦气的地方，鬼祟就会被远远地抛开吧。她让人传话给寿王和寿王妃，一切原有的东西都留在洛阳，那都是有晦气、不吉利的。她还告诉寿王妃，让她一路上一定要保护好身子，切记不要受了风寒。

离开洛阳到长安去，这对杨玉环来说，比别人少了一分欢喜。因为她是在洛阳长大的，洛阳是她的第二故乡，她对长安的繁华没有一点印象，她对洛阳是有感情的，对长安却没有。她的亲人和少女时的伙伴都在洛阳，她成长岁月中的每一个足迹都印在洛阳，现在离开，她有种割舍不去的依恋。唯一让她高兴的是离开洛阳，便可以离开这个闹鬼祟的地方，再也不用夜夜提心吊胆了。

十月间的某天，天气晴朗，阳光不温不热，即将凋零的枯叶在枝头簌簌作响，唐玄宗御驾回京都长安。车驾是在日头高于树梢时离开洛阳城的，金吾卫士在前开道，驱赶闲人。先是皇帝的车驾，紧跟着的是后宫嫔妃及皇子皇孙的车辇，再后是百官。杨玉环就夹杂在中间一队里，她坐在一辆宽大的车辇里，随行车队向长安进发。

杨玉环这次由洛阳到长安，与8年前和叔父由长安到洛阳相比，不可同日而语。那次虽说不上风餐露宿，但也是备尝旅途艰辛，舟车劳顿，一路颠簸。哪比这次，坐在宽敞舒适的车辇中，饮食住宿全不用发愁，反嫌日子不好打发。白天，她一个人实在太过憋闷，就使人去叫寿王，让他和自己共坐一车。但寿王怕别人说他是个一时也离不开女人的人，所以叫两次才会来一次。多数时间里，杨玉环是一个人在车中昏昏入睡，前一阵子在洛阳因闹鬼祟所欠下的觉，现在她全部补回来了。

洛阳离长安有800多里，皇上的车驾于11月间才到达长安。在长安，寿王有自己独立的府邸，和在洛阳时不同，现在他不用和其他的皇子们住在一起，行动自由多了。

就在杨玉环和寿王都沉浸在长安的繁华和新奇里时，一场新的宫廷斗争又展开了。

回到长安后，武惠妃又过上了安稳的日子。但她是个不安分的女人，环境刚安定下来，精神稍有恢复，她为儿子谋立太子的欲望又高涨起来。

武惠妃仔细分析了当下的境况，她知道，现在要想办法把寿王推上去。在她看来，最大的阻碍就是那个老而顽固的中书令张九龄。为了让寿王当上太子，她一定要想尽方法搬去这块绊脚石，让张九龄失去相位。这一点，仅凭她的个人之力是不能完成的，她只有与朝中大臣联合。这不难，李林甫会随时领会她的心意。

谁料想没过多久，朝中发生了一件事，把张九龄牵扯了进去。

事情还得从张九龄的好友、御史中丞严挺之说起。严挺之也是耿直忠信之人，张九龄当初就是欣赏他这点，才引荐他当上了御史中丞这一重要职位。当初，张九龄推荐严挺之为相时，曾私下里对他说："我与君相洽厚，意气相投，自不多说，但李尚书正得到皇上的宠信,你有时间也造访一下,沟通沟通感情。"

当时,李林甫任礼部尚书,刚得到皇上的宠信,在皇上面前也是个能说上话的人。虽然张九龄瞧不起李林甫,但出于为老朋友着想,还是想叫严挺之去屈意通融一下。哪知严挺之轻视李林甫的为人,负气清高,说什么也不去拜访这个宰相,还说自己与此种人同列朝堂已感污秽,再与之闻声,如入泥塘,恐三日不能去其垢。张九龄在赞赏他清高的同时,暗地里也为他担忧,因为他深知李林甫心胸狭窄,锱铢必较。果然,后来此话传到李林甫的耳中,他便把严挺之视为眼中钉,并且恨之入骨。只是因为有张九龄的庇护,才没有找到报复他的机会。但李林甫想:"这笔账先记下,我有的是时间,总有一天,会让你栽在我的手下,让你知道我的厉害。"

严挺之与前妻王氏因故离异,王氏又嫁与蔚州刺史王元琰。后来王元琰坐赃罪下三司讯问,就是刑部、大理寺、御史台同审。王氏知道,人只要进入这三司,就说明罪已经很大了,即使不死也要脱层皮。她救夫心切,想来想去,找一般人已经帮不上忙,只有硬着头皮去恳求严挺之帮忙,希望他看在过去夫妻一场的情分上,帮忙把她现在的丈夫王元琰罪减一等。严挺之接见了王氏,最后答应帮她这个忙,这倒不是他看在与王氏昔日的情分上,而是他把王元琰的案卷调来,仔细看了一遍后,发现王元琰确有冤情,他是有罪,但罪不该诛,顶多削官减俸,于是,他在审理此案时,极力为之营解。

王氏从前夫严挺之处出来,还是放心不下。虽然严挺之答应帮忙，但她想多个人帮忙多条路，因此，她又在想，京城是否还有什么相识的有能力之人能在这事上出出力。最后，王氏想到有一个远房堂妹在皇宫当才人，也许可以让她知告皇上一声，帮上点忙，即使什么也不说，只把这事告诉了皇上，让皇上心里有个数也就行了，王氏还准备把找了严挺之帮忙之事也说给她听。这也是病急乱投医，王氏也不想想，后宫佳丽三千，一个小小的才人平日想见皇帝一面都难，天天期盼皇上临幸而不可得。即便见了面，她一个后宫才人怎么可能在皇上面前提朝中之事呢，这不是把好不容易等来的皇上再往外推吗？王氏没有在后宫待过，她以为后宫也像普通人家一样，什么事都是夫妻俩商议的。

宫中的那位才人，当然知道这事她无能为力，但为了不伤堂姐王氏的心，嘴里答应可以在皇上面前说说，好像她随时都可以见到皇上似的，但私下里听过就抛到脑后了，只是在有一天去武惠妃处时，无意中把这事说给了武惠妃听。

武惠妃立即从这条消息中嗅到了对她有利的东西。她知道严挺之是张九龄那个老顽固的死党，听李林甫说，因为严挺之身居御史中丞，已经对李林甫的几次有利于寿王的行为进行弹劾，使李林甫有点掣肘。这也是一个有碍寿王成为太子的人物，应在他羽翼还未丰满的时候，早除去为好。她认为这是一个除去严挺之的把柄，于是迅速把这个消息通告了李林甫。

李林甫那里自不用说，得到这个通告，立即派人密奏唐玄宗皇上，说严挺之在审理王元琰坐赃一案中，身为审理官之一，却徇私枉法，因为前妻的情义，有意开脱王元琰的罪行。唐玄宗皇帝听了大怒，也不派人细加察访，立即把三位宰相召来，说严挺之囿于私情，置律法于不顾，应允前妻所请，为罪人钻营脱身，一定要惩处他包庇亲属之罪。张九龄没有想到皇上把他们召来是商议这件事，他心里一点准备都没有，因为严挺之事先并没有把此事告诉他。但他是了解严挺之的，知道严挺之绝不会如皇上所说，因为看在前妻的面子上，私下里置国家律法于不顾，去为王元琰开脱罪名的。因为了解，他才不能沉默，不能眼见着好友无端被皇上怪罪，受到不应有的惩治，他说："请求严挺之的人，是王元琰的夫人，虽是严挺之的前妻，但既已离异，两人当再无情义可讲，也就不能说是徇情。至于严挺之为王元琰开脱，是否其中还有别的隐情呢？望陛下派人细加考查，再做定夺不迟。"

李林甫说："虽离异，仍有私情，严挺之一定是因私而谋，张中书可不能因与他交厚而一意袒护啊。"

听到这话的张九龄狠狠瞪了李林甫一眼。李林甫说话向来话中含有深意，他在皇上面前说这话，用心很明显，就是暗地里向皇上告了张九龄一状，说他结党营私。听了这话的唐玄宗皇帝果然十分不悦，他把脸转向侍中裴耀卿，问他有何意见。裴耀卿说："张中书所言有理，凡事据实查处，而后再加惩处不迟。"

唐玄宗皇帝听了裴耀卿的话，更加不悦，他大声说："严挺之身为朝廷大臣，受命审理此案，自当知道避嫌。他明知前妻已嫁与王元琰为妻，还私自会面，没有私情怎会如此？"

张九龄见唐玄宗发这么大的火，当下不好再说。唐玄宗草草罢议，回宫了。张九龄知道严挺之的前景不会看好，皇上这次一定是要惩处他了。但他弄不懂的是，一向明辨是非的皇帝，这次为何会一反常态，连臣下的一点非议也听不进去，而一意专断独行起来？

张九龄不知道，正是李林甫的那句话触动了皇帝的心。李林甫说张九龄之所以袒护严挺之，是因为他们关系亲密，相交甚厚，这就给他们扣上了一个结党的罪名。试问从古至今，又有哪个皇帝喜欢手下的臣子搞党派阵营的？皇帝一方面希望手下的朝臣默契配合，协助他把国家治理好；一方面又怕他们关系太过亲密，搞小宗派，从而团体势力过大，对他的皇权造成威胁。对这一点，唐玄宗皇帝因为有着切身的体验，所以处处防范。当年，他秘密在龙武军中笼络人心，和军中的将领慢慢培养彼此间的感情，才使得自己实力大增，从而在诛韦后和灭太平公主的宫廷斗争中占据上风，把政敌置于死地。登上皇位之后，他就一直密切注意大臣们是不是有这方面的倾向，一经发现，立即严惩不贷，绝不手软，轻则流放，重则处死。早年那个为他扫平政敌出了大力的王毛仲，当初被唐玄宗皇帝宠爱到何种地步，儿子一出生就被授予五品官衔，并被允许长大后与皇太子同游，和皇上连榻而坐，贵重非常人可想。但仅仅因为他与禁军的将领来往亲密了点，皇上就对他起了疑心，并最终找了个理由把他贬谪，后又将其杀死在永州。居心叵测的李林甫早已把皇上的心思揣摩透了，他说那话，看似轻飘飘不经意说出，实则是深思熟虑后的放言。他知道，皇上听了他这句话后，就再不会去管严挺之到底出于私心还是公心，为了防范大臣结党，一定会将严挺之贬官外调。

果然，正如李林甫所料，唐玄宗皇帝对张九龄、裴耀卿与严挺之的关系怀疑起来，他根本就没派人去查严挺之到底是出于什么目的，第二天就下旨把严挺之贬为洛州刺史，王元琰流逐岭南。岭南，在当时人的心目中，是蛮夷荒僻之地，只有重罪之臣才会被流放到那里，人人都把流放岭南看作仅次于杀头的刑罚。

没过多久，唐玄宗皇帝任命牛仙客为工部尚书、同中书门下三品，领朔方节度使。这无疑是给张九龄一个响亮的耳光：你不是说牛仙客只是边疆小吏，不堪委以重任吗？好，我现在偏要委与他重任，倒是你这位栋梁之材，远远到一边歇着去吧。

朝廷重大的人事变动，自然迅速传入内宫。武惠妃听了喜上眉梢，她想，这下好了，终于除去了张九龄这个最大的绊脚石。

李林甫自从把张九龄和裴耀卿排挤出相位后，他一人把持朝廷大权，虽然牛仙客被提上了相位，但他出于对李林甫的感激，凡事都听他的安排，没有一点主见，只是一个傀儡宰相。但就算如此，李林甫还不称心，他知道，虽然张九龄倒台了，但张九龄一手提拔上来的人还有很多，他们向来和张九龄一个鼻孔出气惯了，绝不会看着他李林甫一手遮天，什么事都是他说了算的。因此，某一天，散朝后，李林甫和朝臣们走出金銮殿，当走到殿外不远处时，他停下来，指着道路两侧的立仗马说："众位大臣，你们看到这些立仗马了吗？你们有没有发现它们有什么不同？"

众位朝臣不知宰相突然问这话是什么意思，就都把头转向那些立在道路两旁的马。立仗马，顾名思义，是摆立在宫殿外，用以增加皇室威严和担任卫戍的。立仗马每隔十步立上一个，身上还披着好看的衣饰，绣着耀眼的金丝线，阳光一照，闪闪发光，马上则骑着宫廷侍卫。大臣们左看右看，也没有发现有什么不同，它们都很安分守己，老老实实地站在各自的位置上，头垂着，甚至连尾巴也不甩一下，一副忠于职守的样子。

　　见大臣们脸上布满疑惑，李林甫说："立仗马与别的马相比，每天吃的都是三品料，不仅用度不愁，而且还不用拖车耕田干苦活，可以说过的是马中的上等生活。但如果它们有哪一匹嘶鸣的话，便会被立刻拖出，或充以军用，或驱使驮重，吃的是下等草料，还常受鞭打呵斥。现今，明君在上，我们做臣子的只需用心领会皇上的旨意，用不着上什么谏、进什么言。如果非要如此，就像嘶鸣的立仗马，立即被拖出，不仅丢官失俸，连性命能不能保全都很难说，到那时就悔之晚矣了。"说完，留下神情错愕的众臣，大步迈出皇宫大门。

　　此话中的威胁意味不言自明，李林甫是在以立仗马为例，告诫那些对他心有不满的人，不要无事生非，与他作对。有些人是被这话吓住了，但有些人听了这话，心里反而被李林甫如此嚣张的气焰气坏了，监察御史周子谅就是其中一个。

　　周子谅回到家后还气愤难平，他为李林甫把众大臣比作立仗马而气愤。原本他手头就有一本写好的奏折，准备近日呈交皇上，被李林甫这么一激，他决定明天就上书进谏，他倒要看看立仗马在一鸣后会是个什么样子。

第二天，周子谅当廷启奏，说宰相牛仙客才学有限，身居相位，却毫无建树，专以旁人意见是从，有名无实，不如罢免相位，另行任用。可以说，这篇奏折的内容还是很客观的。周子谅指出牛仙客实非相才，不应该身处相位，应该量才而用，派他到能发挥他才能的地方去。他在入相前当地方官时，才能不是发挥得很好，把当地治理得井井有条吗？周子谅只顾自己说得尽兴，不知此奏折已经引起了两个人的反感与憎恨，这二人一个是皇帝，一个是李林甫。

当初牛仙客入相时，张九龄也曾这样反对过，说牛仙客乃边疆小吏，不堪委以大任。皇帝不听，还讥讽他说："噢，他是小吏，就你是大官，能担当大任，谁能当大官谁不能当大官又不是天生的，我偏不听你的，非把相位给他。"现在牛仙客入了相，短短几个月过后，周子谅又来说这话。皇帝想："这不是成心让我难堪，说我有眼无珠，不能识人吗？"

李林甫就不用说了，一来牛仙客是他引荐的，牛仙客自入相之后，对他凡事听从，让他很是满意，周子谅说的"旁人"就是他李林甫了。二来，他昨天才以立仗马劝告过他们，想不到，今天周子谅就敢"嘶鸣"了。看样子，今天要是不给他点厉害看看，以后还不知道有多少人会做嘶鸣的立仗马呢。想到这里，他缓步迈出班列说："陛下，周子谅这是一派胡言。在微臣看来，牛尚书自上任以来，政绩显著，处事有度，满朝文武百官，无不敬服。想周御史师承张丞相，张丞相也曾阻挠过牛尚书入相，他这是怀有私心，无中生有，恶意中伤，明着说牛尚书才能不当，实是想替恩师洗脱阻塞贤才之罪。"

周子谅一听，义愤填膺，他急忙奏道："皇上明鉴，周子谅实无此意。因民间流传谶辞，称牛姓之人将败坏大唐国运，臣这才忧心如焚，不得不直言相告。"

周子谅只顾想开脱李林甫栽给他的罪名，急不择言，竟说出自己听到的谣言，不想这下触犯了唐玄宗皇帝历来讨厌卜术谣言的忌讳。唐玄宗一听"谶辞"二字，勃然大怒，他恨恨地说："大胆狂徒，你心怀叵测也就算了，竟以民间谶辞蛊惑人心！朕今日若不重重治你，民间谶辞势必如野草疯长。左右侍卫，给我把他拿下，当廷杖责五十。"

左右侍卫上前，二话不说，拿翻周子谅，当廷用杖打起来。

这在以前是没有过的，一般说来，五品官犯罪是不用杖打的，更不用说在朝堂之上当着文武百官的面用刑了，这实在是从未有过的奇耻大辱。只见板子上下飞舞，噼啪有声地落在周子谅的屁股上。周子谅被打得死去活来，但他咬紧牙关，硬是不哼一声，更不出声求饶。两旁的大臣看得心惊肉跳，恻然不已，却没有一人敢为他求情。

周子谅被打得奄奄一息，抬回家去，连气带恼，没有多久就死了。李林甫还不解恨，他对唐玄宗皇帝说："周子谅妖言惑众，死有余辜。他是张九龄推荐为官的，张九龄应负连带责任。"

唐玄宗皇帝深以为然，立刻下诏罢免张九龄的右丞相一职，将他逐出京都，贬为荆州长史。自此，吏治派掌握了朝中大权，文学派随着张九龄的外放彻底倒台。朝中大臣看到周子谅的下场，无不心惊胆战，人人自危，再不敢做嘶鸣的"立仗马"了。李林甫在朝中权势登天，渐渐飞扬跋扈起来。

转眼间，已是十月深秋季节。这年长安特别寒冷，唐玄宗决定赴骊山温泉避寒。所有皇族中人都要跟随前往，百官中也有不少从驾到骊山的随从人员。大臣中有不少人在骊山有赐第，家眷也相随而去，皇上这次去骊山与上次已经相隔整整3年了。

骊山温泉离京都长安有70多里路，是一处闻名的皇家疗养胜地。杨玉环自来长安后，也从别人嘴里听说过这个地方，说那里的地底下会汩汩地往上冒温水，不管是夏天还是冬天，一年四季都是这样。用那些温水洗澡后，身体不适者可以祛病除疾，身体健康的人，洗了也神清气爽，皮肤娇嫩，杨玉环早就想去见识见识了。

虽然已是深秋季节，别的地方的树木已经枝叶枯黄了，但骊山的树木却还是一片绿色，郁郁葱葱，生机盎然，使人心旷神怡。皇家在骊山建了许多行宫，不同身份的人有不同的浴池，有专供皇帝洗浴的，有只给后宫嫔妃洗浴的，还有专供其他皇室人员用的。杨玉环第一次下温泉是和咸宜公主一起去的。温泉池是用光滑的石头砌成的一个大的水池，池面水气缭绕，池水清澈见底。池的底部也是用光滑的石块砌成的，边上还有可坐卧的石凳，以便人能躺在水中。

咸宜公主已经来过无数次了，可谓轻车熟路，她麻利地脱去衣裳，一下就滑到了水里。杨玉环还小心翼翼地用脚试探着入水，看着嫂子杨玉环那副谨慎的可爱模样，咸宜公主突然用手撩水向她泼去。杨玉环一惊，失足向池中倒去，慌乱中喝了两口水。待她手忙脚乱地爬起来时，发现池中的水才到腰间，咸宜公主咯咯大笑起来。被捉弄的杨玉环随即也捧水向咸宜公主泼去，两人在池中打起了水仗。待玩累了，两人躺在温泉中，浑身慵懒乏力，却又感到有说不出的舒服。咸宜公主说："啊，真舒服，已经有3年没来泡泡了。前几年，每到冬天，父皇都要带我们来的，这两年不知怎么的，他好像把这个地方给忘了。"

两人沐浴完后，穿好衣服来到外厅。咸宜公主看到出浴后的寿王妃显得更加姣美，肌肤如雪，真是美艳绝伦。咸宜公主想："我在皇宫中长这么大，不知见过多少漂亮的女人，但还从没见过像寿王妃这样美丽的女子，哥哥娶了她真是有艳福。但容貌漂亮而又很有心机的女子我也见到很多啊，比如母妃，如果寿王妃也如母妃一样有机智，那样寿王真可谓天下最有福的人了。"

来到骊山，宫廷和王府的各种管束都放宽了，生性好动的杨玉环就像出笼的鸟儿一样，尽情享受着无拘无束的生活。她参加各式各样的活动，累了，就到温泉里泡一泡，一身的疲劳立即消失，没过一会儿又精神焕发。在各种运动中，杨玉环最爱的除了跳舞就是骑马。自从在洛阳跟着寿王学会骑马后，她就喜欢上了那种骑在马上一起一伏地合着马的节奏行进的感觉，她想着有一天能像男人一

第一章 绝代名姬，皇子倾心爱如火

样骑马飞奔就好了。到长安后，她就再没骑过，这次来骊山，终于如愿以偿，又可以骑马了。

这天，天气分外得好，阳光普照，让人感到不冷不热，简直不像是十月的天气。寿王奉诏和诸王一起去听国子监祭酒和司业讲经，留下杨玉环一人。她觉得烦闷，就换上轻装，一身胡服打扮，又在外面罩上一件外衣，带着两名马夫和内侍，骑马出游去了。

也许是许久没有骑马的缘故，杨玉环一骑在马上，立即就有一种要飞奔的欲望。

她也不管徒步的马夫和内侍是否跟得上，只一味地打马奔驰。在她的印象里，马似乎是天底下最温驯的动物，再怎么鞭打它也不会发脾气。但杨玉环不知道，为了皇室成员的安全，宫廷的马都是经过特别驯服的，野性已经降服，绝对不会突然发脾气尥蹶子，给人造成意外的伤害。今天，杨玉环牵出来的马，却是一匹刚刚入厩的马，还没经过很好的调理，身上还有着一丝野性。

杨玉环特别兴奋，觉得这匹马很听她的话，她轻轻一扬鞭，它就小跑起来，不像以前骑的马，催促半天，才缓缓踱步，把人急得要死。小跑了一阵，杨玉环就出汗了。她看前后无人，索性把累赘的外衣脱掉，横搭在马鞍上，露出里面的紧身小褂，这样就利索多了。跟着的马夫和内侍早已不见了人影，杨玉环也不等他们。她见一路跑过的都是平坦大道，心里也就没什么可担忧的。这时，她看到前方有一处平台、阁楼，掩隐在一片树丛中。她朝马屁股用力抽了一鞭，想一鼓作气疾驰到那里，好好歇一歇，再等等马夫和内侍。不想，这一鞭把马的野性给抽了出来，只见它头一昂，尾一甩，突然奋蹄向前冲去。杨玉环身子猛地向后一仰，差点从马上摔了下来。她赶紧用手抓紧缰绳，准备把马勒住，但此时马已失控，它鼻子里喘着粗气，嘴里喷着白沫，顺着大道，一路狂奔下去。

杨玉环吓坏了，想不到平时看似温顺的马，还有狂暴的一面。她此时顾不了许多，死死地抱住马鞍，手里紧紧地拽着缰绳，希望能把马勒住。但她不知道，马在受惊时，是不可以拽紧缰绳的，应该放松才对，好让它被激起的野性慢慢平复。人在情急之中，哪会想到这么多。杨玉环只觉得耳畔生风，眼前的树木嗖嗖地向后掠过，她心里害怕到了极点，觉得眼前金光乱闪，马上就要从马背上摔下来，于是大声地呼救起来。

正在这万分危急之时，突然从旁边蹿出两个人来，只见他们一把抓住马缰绳，先是随着马的方向跟着跑了一会儿，然后慢慢把马勒住了。杨玉环不知道自己是如何从马上下来的，她脚一着地就瘫在了地上，想到刚才的冒险经历，她不禁流下了眼泪。

帮她截住受惊之马的两个人询问了她的身份，在得知她是寿王妃后，对她宽慰了一番，并提醒她说，圣驾在此，请速速离开。杨玉环抬头一看，她已经快到刚才看到的平台和阁楼前了。听内侍这样一说，她心里更是惊慌，想到自己刚才的失态可能会被皇上看到，更是窘急。她不顾身体乏软无力和心中的惊悸，强打精神站起来，想再骑上马去，好早早离开。也许是刚才惊吓得太厉害了，她的双腿发软，再也迈不上马背，只好用手牵着缰绳，一步一步向回走去。

这时，唐玄宗皇帝正与武惠妃在平台上观赏风景。他已经看到了杨玉环，因为离得远，他还以为是哪位皇子在驰马飞奔。他看着快速飞奔的马的身影，心中很是赏识这位皇子的胆量和勇气。他传诏，让这位皇子近前来，他要当面夸赞两句。

虽然离得远，但诏命一层层由内侍传下来，很快就传到了杨玉环的面前。听说皇上要见她，杨玉环心中一片恐慌。她想，自己这样不守礼制地驰马狂奔，又是一身这样的打扮，一定要被皇上呵斥了，早知这样，今天就不出门了。

杨玉环一步一步向上走去，当她来到平台上，看到了唐玄宗，同时，她还看到在皇上身旁的武惠妃。看到武惠妃后，她稍稍心安了一些。她想，不管怎样，武惠妃会为她开脱两句的。

直到杨玉环来到近前，唐玄宗皇帝才知道刚才驰马飞奔的人竟是一位女子，只是她一身紧身胡服打扮，远远看去和男子并没什么两样，怪不得他看走了眼。杨玉环上前拜见皇上和武惠妃，并为自己不适当的行为请罪。皇上没有开口，武惠妃说："玉环，你不陪着寿王，这样骑马乱闯，不怕出事吗？"语气中带着一丝责备。她是想在皇上开口责备杨玉环之前，用轻轻的语气顺带过去。

听了武惠妃的话，唐玄宗皇帝才发现眼前站着的美貌女子是寿王妃。

杨玉环向武惠妃禀告说，因为寿王去听讲经，自己认为这是一个好天气，才一个人出来骑马玩，由于不熟悉骊山的道路，不想惊扰了圣驾。

唐玄宗皇帝听后，语气温和地说："不妨事。"随即询问杨玉环是在哪里学会骑马的。

杨玉环禀告说，是在东都洛阳时，寿王教她的。

"想不到在这么短的时间里，你的骑术竟这样精湛，许多男子都不如你呢。我当年也可以骑这样快的马，现在恐怕不行了。"皇上对杨玉环夸赞着。

听到皇上的一番夸赞，杨玉环脸红了，她又是羞涩又是委屈地说："不是，是马受惊了。"

"是吗？我还以为你的骑术出众呢。"说到这里，唐玄宗哈哈大笑起来。他完全可以想到一个女子骑在一匹惊马上的心情和窘态。也许是为了缓解寿王妃紧张的心情，皇上竟教起她在马受惊时应采取的措施，那就是既不能死拽着马缰绳，也不能用腿使劲夹着马，那样它反会认为你是要它卖力向前冲，此时应该坐稳身子，信马由缰，等到它跑累了，自会停下来。皇上说完，禁不住又哈哈大笑了起来。

武惠妃见皇上对寿王妃有好感，认为这是一个好兆头，对寿王谋取太子之位是有好处的，于是，她也笑嘻嘻地看着杨玉环，说："玉环，你也不必太过拘礼。你的外衣呢？取来穿上吧。"她认为，作为儿媳妇的寿王妃这样一身打扮站在皇上面前，总是不好。

听武惠妃这样一说，心情刚刚平复的杨玉环又面颊泛红，不好意思地说："因为天热，我把外套脱了放在马背上的，现在，现在……"杨玉环说不下去了。

唐玄宗皇帝脸上又露出微笑，他想，一定是刚才马受惊，她的外套不知掉到哪里去了。他传令，让内侍去把寿王妃的外套找回来。他看着眼前寿王妃因为紧张而羞红的脸，面颊白里透红，身上散发出青春的活力，想到当年武惠妃也是这样顽皮娇媚的，他不禁眼含爱意地把头扭向了武惠妃，说："你可记得，当年，你也是爱骑马到处游荡的，只是不穿这身衣服罢了。"

武惠妃见皇上还记得她当年的模样，心里也掠过一阵甜蜜，脸上泛起了一丝娇羞，虽有儿媳在旁，也禁不住轻喊了一声："三郎。"

杨玉环见皇上与武惠妃都有些情不自禁的样子，自己在旁不免显得别扭，正不知是进是退的时候，内侍已经把她的外衣找来呈上。她把外衣穿上，正准备行礼告辞，唐玄宗皇帝对武惠妃说："外面有些凉，不宜待得太久，我们进去吧。"

武惠妃并没有让杨玉环离开，而是让她相随，她是希望皇上看到眼前的寿王妃，从而问起一些寿王的消息。唐玄宗似乎把寿王给忘了，也忘了杨玉环的身份是寿王妃，他对寿王只字未提。他们进到室内，唐玄宗竟问起杨玉环的家事来。

杨玉环告诉皇上，她家在东都洛阳。她未出嫁时，父亲对她管得很严，只是逼着她每天去看《贞女传》和《十孝》之类的书，上面都是讲做妇人的规矩，但是她不敢告诉皇上自己往往是看不下去的。

皇上问她还喜欢什么，问她是否已经适应了宫廷里的生活，等等。

也许是皇上慈祥的神情让杨玉环放松了，她竟率真地回答了皇上的种种提问。

皇上在听到寿王妃的一些直率的回答后就会哈哈大笑起来，他对寿王妃的天真、率直产生好感。其实在心里，他对那些迂腐的儒生也是不以为然的，他们动辄引经据典，说话必有个来源。而武惠妃却在旁轻轻哼了一声，觉得寿王妃讲话有点轻率。当皇上谈到对那些儒生的看法时，他接着问道："依你看，做人应该如何去做才好呢？"

也许是皇上愉快的神情鼓励了杨玉环，她不假思索地答道："我觉得，一个人该怎样就怎样，由着性情来做人才好，不要做什么事都想着书上怎么写的，书不也是前人写的吗？"

"好，这个想法很新鲜，我倒是第一次听说。"唐玄宗皇帝忍不住喝起彩来。

被皇上这样一夸，杨玉环反而有点不好意思了，她看着武惠妃，想知道她这番话讲得是不是有些唐突。此时，武惠妃也笑盈盈地望着杨玉环。她心里虽然觉得寿王妃在皇上面前有点太不拘礼，但看到皇上没有一丝一毫的责怪，反倒还是很开心的样子，她也就不加阻拦，仍让杨玉环讲下去，她觉得皇上已经很久没有这样高兴过了。

唐玄宗皇帝似乎真的有点兴奋了，竟和儿媳寿王妃开起了玩笑，他说："刚才的策马飞驰，也算是一次性情的流露吧。"说着，不待寿王妃回答，想到她刚才在马上受惊的模样，自己先忍不住笑了起来。

听皇上这样一说，杨玉环再一次红了脸，她再次下拜，表示谢罪。

不知何故，唐玄宗皇帝觉得在青春飞扬的寿王妃面前，自己也变得有活力了。他还问起寿王妃的家族成员。杨玉环告诉皇上，她的父亲现在是国子监祭酒，上个月奏请，已经由太学博士擢升为国子博士，除了教书外，整天待在家里，准备写两本有价值的书出来。

其实，唐玄宗皇帝对外戚的行踪是留意的。他早从外人口中得知他的这位亲家专心著书，对政治向来少有兴趣，这让他放心，并有好的印象。想不到在这样一个矜持的儒生之家，竟出了一个性情如此开朗的女子，他不觉哑然失笑。

此时，侍女送上点心、小菜，唐玄宗皇帝也邀杨玉环就座，一起用些小食，并命侍女赐酒给她，杨玉环依循宫廷中晚辈受赐的仪式而拜谢。在进小食的过程中，进来了几位舞女，她们在琵琶的伴奏下，轻歌曼舞。在杨玉环看来，那些舞都太过简单，没有激情，根本谈不上美妙。可是皇上看得却很投入，一副陶醉的神态。也许是杨玉环不屑的神情引起了唐玄宗皇帝的注意，他问道："怎么，寿王妃认为她们跳得不好吗？"

杨玉环连忙起身答道："不是，她们跳得很好。"

"寿王妃如果有什么见解就尽管说来听听，朕是不会介意的。"

这时，武惠妃乘机在旁说，寿王妃很喜爱舞蹈，舞跳得很是出色。

"噢？原来寿王妃还是一位舞蹈人才。那你说说刚才那段舞是好是坏，看与朕心中想的是不是一样。"

杨玉环被逼无奈，也是仗着皇上此时对她的好印象，于是大着胆子把刚才看到的那段舞的好坏优劣都一股脑儿地说了出来。哪一段是好的，好在恰如其分地表现了音乐中的感情，与音乐互相应和，互相映衬，用动作表达了人心中的所思所想；哪一段是不好的，舞蹈动作太过死板，与音乐脱节，动作只是无意义的比画；同时指出，哪些应该急舞的地方太缓，哪些应该轻缓的地方又过于急促。

听着杨玉环的分析，唐玄宗皇帝不住地点头默赞。杨玉环的话，有些与他心中的看法是一致的，有些却让他大开眼界，出乎他的意料。整体说来，杨玉环的话与他心中所想大致不差，只是他是从音乐方面来评判，而她是从舞蹈方面来评判，殊途同归。他没有料到，眼前的寿王妃不仅容貌出众，而且还有着这样高的艺术修养，这不能不让他刮目相看。他说："寿王妃对舞蹈这样有研究，想必舞跳得也不一般吧。"

杨玉环只顾尽兴地在皇上面前评论舞蹈，却把该注意的礼节都抛到了脑后，听到皇上这样一问，她才觉得自己有点放肆了，不应该在皇上面前这样喋喋不休地乱语。她顽皮地吐吐舌头，低下头去，轻声说："臣妾只是这样说说罢了，是只能动嘴不能动腿的。"

唐玄宗皇帝笑了笑，没有再勉强。他知道，虽然寿王妃这样说，但她的舞一定跳得很好，只是这种场合，是不宜让寿王妃表演的。杨玉环也觉得今天自己太过轻慢了，虽然皇上和武惠妃不怪罪，但若再待下去，还不知自己会做出什么举动来呢，于是就告辞了。

临去时，皇上表示等哪天有空，一定要看看寿王妃的舞蹈表演，随后和武惠妃含笑目送她远去了。

杨玉环一蹦一跳喜气洋洋地回去了。

没想到，数日之后，皇上突然决定起驾回长安，他们到骊山才过了一个月多一点。听说这与武惠妃的病有关。原来武惠妃在骊山又做噩梦了，她梦见废太子李瑛与鄂王瑶、光王琚，他们在梦中变成厉鬼的模样向武惠妃索命。

唐玄宗把最好的太医也带上了骊山，让他们给武惠妃把脉诊断，可是谁也诊断不出武惠妃的病因，只能胡乱地说温泉对武惠妃的病并无好处，敦请皇上回到长安为好。皇上在万般无奈的情况下，只好听从御医们的话。于是，在十一月中旬，皇帝的车驾又回到了长安，这让杨玉环心里懊丧，她现在是越来越喜欢泡在温泉里了。

随着天气越来越冷，武惠妃有一种不祥的预感，她感到自己会熬不过这个冬天，虽然她只有40几岁，比皇上还小十几岁，但没想到会走到皇上的前面去。为此，她一定要赶紧把寿王扶上太子之位。她认为寿王与别的皇子比起来，除了有她这样一个被皇上宠爱的母亲外，别的什么优势也没有，万一她不在了，寿王也就失去了唯一的靠山，再不会有当上太子的希望。因此，她要用感情这根线牢牢拴住皇上的心，让他爱屋及乌，早点定下立寿王为太子的决定。

这天，侍女来报，皇上又来看她了。武惠妃强打起精神，稍稍梳理了一番，支撑起身子来迎接皇上。唐玄宗皇帝一跨进武惠妃的寝室，就把她扶靠在床上，让她只管躺着，不要拘礼，以免受了风寒。

武惠妃感谢皇上对她的眷顾，她斜靠在床上，把皇上的手握在自己的手里，痴痴地望着皇上，突然眼里流出泪来，她呜咽着说："三郎，妾怕不能长久侍候您了。"

唐玄宗面上一惊，责备她说："爱妃何出此言？小小病恙，转瞬即愈，不要胡思乱想才好。"

"三郎，不是妾胡想，妾实有预感。这些天来，妾思前想后，多年来，皇上宠幸妾身，恩爱无人可比，妾身死也可瞑目了，只是想到从此以后，将要永诀皇上，妾每每想起就不胜心悲。妾真是命薄，无福消受皇上对我的恩宠。"话没说完，武惠妃眼中热泪长流。

唐玄宗也被武惠妃心底流露的真情所打动，他紧紧抓着武惠妃的手，眼中也不禁流下泪来。他想到与武惠妃20多年的恩情，两人情好始终如一，现在听她如此说来，怎不令他心痛？

过了一会儿，武惠妃轻声地对唐玄宗皇帝说："三郎，你还记得当初我们第一次相遇时的情景吗？"

唐玄宗皇帝用袖子擦擦眼泪，说："怎么不记得？那天我到后宫走动，你冲撞了我，不知道歉，还理直气壮地责问我是谁，为什么不给你让道。现在想来，你那时顽皮可爱的模样好像还在眼前。"

武惠妃的脸上也浮起了一丝笑容，她说："就是从那次冲撞开始，三郎你就让妾侍候在旁，妾也受到了你的宠顾，想来那已是20多年前的事了。"

"20多年来，你永远都是我心中的小妹，虽然后宫有佳丽三千，但她们没有一人可替代你在我心中的地位。让我心里难安的是，始终没能封你为皇后，让你荣贵至尊，这都是外面那些自以为是的迂腐大臣们拼命阻谏的结果。现在，朕想开了，再不听那些大臣们的话了，等你的病好了，朕立即封你为皇后。"

听到皇上的话，武惠妃再一次热泪盈眶。皇后的封号也是她盼了许多年的，但随着时间的推移，她向往的心也淡了，加之她虽没有皇后的封号，但实际上享受的却是皇后的待遇，后宫的尊荣无人能出其右。现在，她躺在病榻上，把皇后的名号看得更轻了，她唯一寄望着的只是寿王的太子名号。

武惠妃把皇上的手又向自己胸口拉了拉，说："妾与三郎的情分是自古少有的，正是因为太过真、太过深，所以连上天都要嫉妒了。"

"爱妃不要胡想，你会慢慢好起来的。"

"难道不是吗？三郎还记得我们的第一个孩子吧，才出生就夭折了，第二个孩子也是这样，这不是上天在嫉妒我们的感情又是什么呢？当有第三个孩子时，我们的心情是又紧张又欢喜。皇上还记得那些日子吗？"

"我怎么能不记得呢？那时我整天陪在你的身旁，看着你日渐隆起的肚子，又盼着你临盆的那一刻，但又害怕等到那一刻，心里真是说不出的矛盾。"

"好在上天可怜我们，终于给我们送来了一个可爱的孩子，他就是现在的珝儿。"

"为了让他活下来，真是难为了他，一出生就让宁王抱回府中抚养，是宁王妃把他喂养大的。"

"在那几年里，为了能让他健康地成长，我们心里想见他，却又顾虑着不敢见他，只靠从宁王府传来的消息安慰自己，那些日子真是熬人啊。"

"好在珝儿在宁王妃的照顾下，没有出什么事。"

"当他6岁第一次被带进宫，站在我面前时，我几乎都不相信眼前那个粉雕玉琢般的小孩就是我们的孩子。三郎，你还记得珝儿第一次见你时的情景吗？"

"怎么不记得？我把他抱起来，他又踢又闹地不认我这个父皇，吵着要回他自己的家呢。"

"这不就是他的家吗？他把宁王府当成了他的家。"

"也许是珝儿从小就离开了我们的缘故，所以我总觉得他与我之间有着一定的距离，不是太亲近。"

"三郎，不是这样的，他曾无数次地对我说，他心中最亲的人就是父皇，因为你最让他佩服。"

"噢，他都佩服我哪里啊？"

"他佩服你把国家治理得这样井井有条，百姓丰衣足食，百官和睦相处，他说这是历史上任何一位皇帝都没有做到的。"

"是吗，他是这样说的吗？"

"三郎，你别看瑁儿长得文弱，但平日里他对如何治理国家是有一番研究的，只是你平日少见少问他罢了。"

"是的，皇子太多，我没有太多闲暇一一考查他们。但我见瑁儿相貌固然俊美，文采擅长，武功却略输常人。"

"这一点，瑁儿也曾和我谈到过。他说国家要想长治久安，必须重视文臣，以文治国。不是他不好武功，他认为，身为皇室中人，如果带头喜好武力，自然会有小人追随而来，那样，难免会惹是生非，带来不好的影响。"

"他这样想很有道理。"

"三郎，臣妾留在世间的时日已经不多了，心中割舍不下的只有你和瑁儿两人。"

"爱妃不要多想，只管安心养病才是，瑁儿自有我来关照。再说，他现今也已成家，我看寿王妃虽活泼好动，但还知礼贤惠，我也听说他们夫妻感情很好，瑁儿会生活得很好的。"

"三郎，臣妾说的不仅是这些，臣妾是说在陛下也百年之后，世间还有谁来关心、爱护瑁儿呢？"

"爱妃不须牵挂，瑁儿是朕的儿子，有谁敢欺负他？"

武惠妃说这些话，原是想用情打动皇上，让他立寿王为太子，但见皇上一直避开话题，不禁长叹了一口气，说："但愿如皇上所言。"

唐玄宗皇帝说："其实瑁儿的聪明伶俐，我早就看出来了。不仅我看出来了，许多大臣都认为瑁儿是个治国的人才，他们还向我推荐要立瑁儿为太子呢。"

武惠妃本来以为皇上已无意在立太子的问题上过多考虑寿王了，所以不免黯然伤神，突然听他这样一说，真是喜从天降。她眼睛中放着光彩，说："皇上，你也看出来了吗？瑁儿真是一个治国的人才？"

"我想是的，不然李林甫为何一而再再而三地在我面前保举他呢？自从李瑛那个不肖子被废去太子后，太子之位就一直空着，这始终是朕心头牵挂的一桩大事。常言说'国不可一日无君'，太子也是这样，总是不立太子，会让大臣们内心不安的。"

"陛下是说，要立瑁儿为太子吗？"

"朕有此打算。"

听到皇上亲口说出这话，武惠妃眼中流出泪来，这是喜极而泣的眼泪。她紧紧抓着皇上的手，嘴里轻轻唤着"三郎，三郎"。一朝心愿得到满足，武惠妃不知如何表达她的欢喜心情，她变得语无伦次了。

唐玄宗皇帝也紧紧握着武惠妃的手，两人四目相对。最后，皇上拍了拍武惠妃的手说："你只管安心养病，等你身体痊愈后，我就宣布立寿王为太子的诏命。"

等皇上离开后，武惠妃只觉得身上顿添活力，病也好像好多了。她两眼放光，神情亢奋，也有了要吃东西的胃口。皇上不是说了吗，只等她病好后就宣布寿王为太子。对，为让病早点好，一定要吃东西。于是，她传令侍女摆上小食。

稍微进食后，武惠妃觉得有点累了，就斜靠在床上睡了过去，这是她几个月来都没有过的安稳觉。

刚进入梦乡，武惠妃就看见门吱的一声开了，已经有两个月没到梦中来惊扰她的废太子李瑛和二王又出现了。

"啊！"武惠妃大叫一声，从梦中惊醒，张口把才吃下肚的食物全吐了出来。

自此以后，武惠妃又夜夜梦见废太子李瑛与二王的鬼魂。他们在武惠妃的梦中对她恶言相向，作势吓人，向她讨债，向她索命，每每把她从梦魇中惊醒。就是一个身体强壮的人也经不住这样的折腾，更不用说身子虚弱到极点的武惠妃了。几天下来，武惠妃已经变得花容惨淡，形销骨立。宫女们也被她不断发出的惊叫声吵得提心吊胆，私下里相传，武惠妃是活不过年关了。

唐玄宗皇帝依然对武惠妃很体贴，他经常来病榻前看望她，劝她不要多想，只一心养病才好，心静才会祛除心魔，须知有所思才有所梦，什么都不想了，梦中的恶鬼自然远离。太医们劝告皇帝不要常到武惠妃的寝室中，因为重病之人身上难免有些秽气，怕皇帝沾染了不好。皇帝把他们狠狠训斥了一顿，认为他们平日只会夸夸其谈，现在却一个主意也拿不出来。

其实唐玄宗皇帝不知道，武惠妃病情的加重，其中也有他的原因。他对武惠妃说要立寿王为太子的话，使她的情绪更不稳定，从而加重了她的病情。皇帝说这句话，本意是想让武惠妃高兴一下，冲冲喜，增加她战胜疾病的信心和盼头。他哪里想到，这个消息对武惠妃来说太过重要，听到这话的武惠妃，太过激动，太过亢奋，这是一个身体极度衰弱的人所不能承受的。这就像给一个身子很虚弱的人进行恶补一样，营养不仅不会被吸收，反而会对肠胃造成损害。

在这期间，寿王几乎日日来探视母亲武惠妃。这也是武惠妃有意安排的，她让寿王侍病，以此让皇上看到寿王是多么忠实孝悌，这样孝顺的儿子是不会怀有二心的，是可以依靠的，可以放心地把太子之位给他。杨玉环多数时间也随寿王进宫，每当她看到消瘦得已变形的武惠妃时，心里既恐惧又难受。她难以想象几个月前还风韵照人的武惠妃，在短短时间内，怎么会变得这样难看：两边的颧骨高高突起，腮帮深深陷了下去，头发干枯，两只大眼空洞无神。每次她都要在寿王的陪伴下才敢靠近武惠妃，不然，她的心里总有些发毛。

但武惠妃却很想与这位儿媳谈谈话。现在，随着病情的日渐加重，武惠妃也知道自己已经病入膏肓，无可救药了，能不能撑到年关，她心里一点谱也没有。再说，就是撑到了年关又有什么意思呢？不过是多受两天罪罢了。这样一想，她的心反而平静了下来，许多虚妄的念头反而抛开了。她静下心来，把自己短暂的一生回顾一遍，觉得一切都是可以放弃的了，一切都是可有可无的了，生不带来，死不带去。想自己一生，虽说荣华富贵到了极点，但真正快乐的时光却很少，倒是没遇上皇上前做少女时，无忧无虑，遇上皇上，得到皇上的宠幸后，烦恼也就来了。先是与王皇后斗，想着当皇后，用尽万般手腕，斗败了王皇后，自己却没能如愿；后又与太子斗，要把寿王扶上太子之位，斗败了对方，又杀了不少人，是不是她就胜利了呢？还很难说。现在，她就像一盏油灯，快要油尽灯枯了。时日无多的时候，她反倒认为一切都是可以割舍的。这时候，她特别冲动，觉得有些话想和人说一说。这些话都是她心里的秘密，是她20多年来深深埋藏在心底的隐秘，多年来，坠得她沉甸甸的。但这些话，不能和皇上说，不能和寿王说，不能和咸宜公主说，她反而想和杨玉环说一说，也许因为杨玉环没有心机，也许因为寿王妃永远不会明白她的那些话。

在只有杨玉环一人在她身边时，武惠妃拉着杨玉环的手，说："玉环，你告诉我，我的面貌是不是变得很难看？"

杨玉环眼睛不敢看着武惠妃："没有，我觉得母妃依然还是那样光彩照人。"

武惠妃叹了一口气，说："你不要骗我了，我知道自己已经变得很难看了。自从宫女们把我房中的镜子都拿走后，我就知道自己变得不好看了。这也是我不让皇上来看我的缘故，即便他来了，我也不让他看到我的脸。玉环，你要知道，以色事人者，色衰即失宠，这就是我们女人的命啊。"

见杨玉环一脸茫然的样子，武惠妃喘了一口气，接着说："古时，有一个妃子，因为美貌被皇帝宠幸。后来她病了，皇帝去看她，她就把自己罩在帐子里，隔着纱帐与皇帝说话。皇帝问她为什么要这样，她说，'妾以色事君，不想让陛下看到妾现在的模样，损害了以前留下的美好印象'。这个妃子是多么聪明啊。"

"可是我看到皇上对母妃您的关心是出自内心的啊，他还耐心地和御医们商量如何用药呢。"

"是的，现在皇上对我是宠爱的，但谁能保证皇上会一直宠爱下去呢？总有一天我会老的，我的面貌会变老、变丑，那时，皇上就会另找新欢。因此，我们做嫔妃的人，没有一个不预先为自己寻找后路的，这条后路就是子女。"

杨玉环一点也听不懂武惠妃的话，但她觉得武惠妃今天对她说的都是心里话，是平日不轻易和别人说的，她不知道武惠妃为什么要和自己说这些。

不等杨玉环有任何表示，武惠妃又自顾自地说了下去，似乎她要的只是杨玉环的倾听，倾听她的诉说。

"皇帝嫔妃的子女，就是皇子与公主了。每一个嫔妃都希望自己能生下皇子，这样，她就有所依靠，不至于晚年寂寞冷清，无人理睬了。最好儿子能当上太子，然后再顺理成章地登上皇位，这样一来，她就是皇太后，荣贵无人可比了。玉环，我这样一说，你能明白我为什么总是处心积虑要让寿王当上太子了吗？"

杨玉环若有所悟地点了点头，说："我知道。"

"太子的确立，向来只有两种方式：一种是为长而立，就是说第一个皇子最有可能被立为太子，这是怕引起不必要的纷争；另一种就是有功者可为，比如太宗皇帝和当今圣上，他们虽然都不是长子，但功劳太大，群臣信服。寿王既不是长子，又没有什么军功可言，要想当上太子，实在太过困难。但事在人为，我不信就达不到目的。可是我做得太过了，本来把李瑛废去也就算了，千不该万不该，不该怂恿皇上赐死他们。"

听到这话的杨玉环，身上一阵发紧。她觉得武惠妃手上的凉意从她的手上传过来，让她不禁打了一个哆嗦。她想把手抽出来，但没敢这样做。

"玉环，你在外面一定听到了不少传言，他们都是如何说我的？"

"那都是些谣言，母妃不可当真的。"

"无风不起浪，谣言也是有根据的。我现在这个样子，不就是所受到的报应吗？"

"母妃，您不要胡思乱想，安心养病才是。"

"我也想安心养病，把病养好了，看着皇上封寿王为太子，那该是多么令人高兴的事。但我知道，我不会有那么一天了。"

杨玉环想安慰武惠妃，但一时不知如何张口。武惠妃抬手阻止了她，说："玉环，你不知我整天过的是什么日子啊。一闭眼，那三个恶鬼就会来到面前，向我讨债，向我索命，拿剑刺我。更可恨的是那个光王琚，还用带火的箭射我，让我一刻也不得安宁。我不敢闭眼，不敢看见灯火，更不敢听到打更声，一切与黑夜有关的东西都让我害怕，让我心惊肉跳。我只有一天到晚地睁着眼，从早晨到晚上，从晚上到早晨，真是生不如死啊。"

武惠妃说着，眼里泛出了泪花，泪水滚出眼眶，流过脸颊，落在枕边。那张脸几个月前是多么娇嫩啊，现在却是那么憔悴、那么痛苦，杨玉环也难过地流下泪来。

"但我不这样做行吗？那些人讲的时候都很明白，都很仁慈，等他们处在我的位置和环境时，我想他们也会像我这样做的，这叫情势不由人。有时你处在某种环境中只能做那些事，这就是命运。"

杨玉环对武惠妃的这番高论显然不明白，她劝说武惠妃道："母妃，现在有我在旁，你就小睡一会儿吧。"

也许武惠妃话讲得太多，困乏了，也许她真的相信杨玉环能驱走她梦中的恶鬼，于是，她点点头，闭上了双眼。

杨玉环的手依然被握在武惠妃的手里，她看着闭上双眼的武惠妃，心想，武惠妃真是可怜啊，她虽然尊贵无比，但连一个安稳觉也睡不好，连一个平常人的安宁也得不到。她极力钻营，费尽了心机，本想得到更多，但却连仅有的一点也失去了。

就在杨玉环这样想时，武惠妃已经发出了轻微的鼾声，心里的话能对一个人讲出，让她的心得到了少许的平静。杨玉环看武惠妃已经睡熟，正准备抽出手时，突然，武惠妃一把将她的手抓得紧紧的，全身抽搐起来。杨玉环看到武惠妃嘴里喘着粗气，脸上露出痛苦的表情，嘴里还不停地发出"啊啊"的呻吟声，显然，武惠妃又做起了噩梦。看着武惠妃痛苦的样子，杨玉环手足无措，不知是应该把她推醒，还是让她继续这样挣扎下去。正当她左右为难时，武惠妃大叫一声醒了过来，她大口地喘着气，目光惊慌地望着前方，嘴里喊着："鬼！鬼！鬼！"

武惠妃的指甲已经深深掐入杨玉环的肉里，又痛又怕的杨玉环禁不住哭了起来。她为武惠妃过着这种生不如死的日子感到既可怜又伤心。

开元二十五年的冬天似乎比以往任何一年都要冷，大雪下了一场又一场。杨玉环是最爱雪的了，往年，每逢下雪，她都要跑到雪地里去尽情游玩，或堆雪人，或打雪仗。今年，因为顾念到武惠妃的病，如果游玩的话，会被别人讲闲话，就一次也没玩过。十二月初七这一天，下了一整夜的雪在天明时停了，天空放晴，几天都没露面的太阳升在了空中，杨玉环拉着寿王到后园去看雪景。

近一段时期，寿王因为挂念武惠妃的病，加之天天侍病在侧，人变得消瘦了。他站在后园，在雪光的映照下，脸色显得更加苍白。杨玉环搀扶着他，陪他赏看后园中顶雪开放的梅花。站在梅花前，寿王说："希望母妃也能像这些雪中的梅花，能顶住风寒，度过寒冬。"

杨玉环说，一切都会好起来的，等过了年，天气一转暖就好了。

寿王说："玉环，让我们来许个愿吧，祝母妃早日康复。"

第二章

万千宠爱，凤凰枝头诉幽情

"回眸一笑百媚生，六宫粉黛无颜色。"杨玉环自入宫后，遵循封建的宫廷体制，不过问朝廷政治，不插手权力之争，以自己的妖媚温顺及过人的音乐才华，得到唐玄宗的百般宠爱。唐玄宗一生最钟情的妃子，前有武惠妃，后有杨贵妃，但相比而言他更爱杨贵妃。

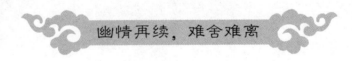

幽情再续，难舍难离

开元二十七年的新春格外热闹火爆。

在新春游宴中，唐玄宗再次见到了杨玉环。尽管离华清宫分别才短短几天，在这个陷入了疯狂的单相思的老人看来，却像度过了一个世纪那么漫长。

他不顾礼节，让玉真长公主把杨玉环从专为王妃们设的看楼上叫过来，与他一起在勤政楼上观赏歌舞杂耍。

杨玉环随着玉真长公主走上勤政楼，忙到唐玄宗面前行了礼。

唐玄宗双眼灼灼地盯着她，笑道："不必拘礼，快到这儿看歌舞吧。"说着，拍了拍自己身边的栏杆。

玉环本想站边上看，没想到皇上对自己这么亲切，一时有点拿不准主意，不知道是该站这儿，还是该推辞。

唐玄宗看出她的心思，笑着对玉真长公主说："你在这儿，好好照顾寿王妃。"

"看您说的，既是我把她叫来的，自然归我照顾。"玉真长公主不容她犹豫，拉住杨玉环的手一同站在了那里。

杨玉环站在那里往下一看，这里的视角果然比刚才的看台好得多，看得清晰而又全面。

楼下左右两边是华丽的帷幕，那些从西域、南诏、棘韬等地来的各部酋长和日本国的遣唐使，端坐在里面，神态恭谨而严肃。他们有的头插五彩斑斓的鸟羽，有的身披花纹离离的兽皮，杨玉环看得目瞪口呆。

帷幕外边插着无数旗帜，金吾军兵士们披着黄金甲衣，身穿短后绣袍，精神抖擞地列队站在旗下。太常寺早已把乐队安排好，他们都依节目先后，在楼下整齐地排列着。

这是杨玉环第一次站在这样的位置在宫中观赏歌舞。看了一眼那些拥挤在两边特设的看台上的人们，她的心中不知为何竟升起一种莫名的兴奋，她真想向那些王妃贵妇们招招手，喊一声："我在这儿！"

一阵鼓锣丝竹齐鸣，歌舞开始了。

首先太常寺雅乐坐部走到楼前，坐在早已摆好的绣墩上，演奏了六部乐曲：燕乐、长寿乐、天授乐、鸟歌万岁乐、龙池乐和小破阵乐。这些人都是梨园中最优秀的演员，因此他们才有资格坐着演奏，也才被称为坐部。接着是由一般演员组成的立部，他们站在堂下，演奏了安舞、太平乐、破阵乐、庆善乐、大定乐、上元乐、圣寿乐、光圣乐等八部乐曲。

这些乐曲，有的杨玉环爱听，有的慢吞吞的，像个老人缓缓地在黄昏里走，听得她一点兴致都没有，她两只眼睛不禁东张西望，企图寻找点新鲜的色彩。

每当这时，唐玄宗便轻声给她讲解这种音乐的来历，有时还穿插一些梨园的逸闻趣事，常常听得杨玉环忘了是在欣赏歌舞，只当是在听他讲故事，同时，心中也暗暗赞叹他对歌舞声律的熟悉和精通。

接着，鼓吹署令便带着手下的人上来演奏铙歌鼓吹曲。这种乐曲声音倒洪亮，可玉环觉得那响遏行云的铙声与鼓声未免有点刺耳，便不由自主地掩住了耳朵。

唐玄宗看着她笑道："这点声音都怕？"

玉环因掩着耳朵，听不见他问的什么，只是笑着点点头。

"我也是在道观清静惯了，这种热闹真有点受不了。"玉真长公主接过了皇上的话茬。

鼓吹之后，上场的是胡乐。胡乐是龟兹乐、疏勒乐、高昌乐、天竺乐等的统称，这种音乐的乐器和旋律都与内地不同，杨玉环听着觉得别有一种味道，偶尔听到一支熟悉的曲子，下意识地在栏杆上轻轻地拍着。

正沉浸在乐曲中的唐玄宗觉得栏杆有点微微震颤，低头一看，原来杨玉环伸着白皙浑圆的小手，在栏杆上轻轻敲击着。他心想，早春的天气，这栏杆该有多凉。于是，伸出指头往栏杆上摸了摸，果然冰凉冰凉的。

"寿王妃，栏杆太凉，手不冷吗？"他关切地轻轻问道。

杨玉环一怔，醒悟过来了，看了眼唐玄宗，感到特别不好意思，她觉得自己击打栏杆影响了皇上欣赏歌舞。

接着又演奏了梨园清曲、京兆府乐曲。

对于这些，玉环的兴致都不高，倒是随后上场的杂戏深深吸引了她。那些机灵的小孩们蹿火圈、顶罐子、翻跟斗、踩绣球，顿时惊起一片笑声与赞叹。

特别是有个30多岁的健壮女子，头顶一根百尺长的竹竿，在楼前走来走去，竟稳稳不倒。更令杨玉环感到不可思议的是，后来她又让一个小孩子上到竹竿顶上，在上面不停地唱歌、翻跟斗。

杨玉环两眼紧盯着那个孩子，只见他像树梢的一只小鸟那样自在轻松。可她总怕他万一失手摔下来，每当小孩有个惊险动作时，她就不禁发出一声惊呼。

唐玄宗这时便低头轻声安慰着她："没事，不要担心。"一边说着，一边有意无意地拍拍她那因恐惧而紧抓着栏杆的手。

玉环起初并未觉出什么，待皇上第三次轻轻地拍着抚摸着她的手时，她的心忽然急剧地跳动起来，血液在体内奔涌着，呼啸有声，像海潮。

皇上的手温暖而绵软，抚摸得那样轻柔，像温热的嘴唇在她的手上轻轻地吻着。

唐玄宗尽管嘴里依旧在安抚她"不要担心，不要担心"，可根本不知道自己说的是什么，他只是觉得自己的心里有火在燃烧，这火激励着他。他必须向他热烈爱上的女人说点什么，不论是什么，只需要说，颤抖的琴弦必须发出声音。

玉环心中一片茫然，她只是感到两耳火热火热，好像千万只玄色的蝉齐声在那里鸣叫，歌唱着一个火红的夏天。杨玉环努力从晕眩中挣出，在喉咙深处嘟哝了一句什么。她的手倏地从唐玄宗手下移开了，如一条受惊的鱼钻进水底。

杂耍过后，上场的是山车、陆船。山车上搭着高大的棚子，装饰着彩色的丝绸，忽高忽低，做成山林的形状。陆船是用竹竿和木头绑在一起，做成船形，再用丝绸装饰波浪桅樯，演员们坐在船上载歌载舞，让人抬着缓缓行进。

然后又是走索、九剑、角抵、戏马、斗鸡等各种节目。

天色越来越晚，众人一边享受着皇上赏赐的酒宴，一边在灯火通明的烛炬中欣赏着演出，直到夜色深沉，宫女们仍在楼前歌舞。

看到杨玉环在深夜的寒气中有些冷，唐玄宗忙令内侍到后宫取来了一件火狐皮昭君帽赐给了她，说道："这是惠妃当年穿过的，今天给你，既是让你御寒，也是让你留作纪念吧。"

玉环望着那在烛炬中红得耀眼，像火苗一样的皮衣，忙接过来谢恩。

同时，唐玄宗也赐给玉真长公主一件"火龙衣"，也不知是用什么制成的，据说穿上这件衣服，寒冬腊月里可在冰雪中安然睡眠。

宴会歌舞一直喧闹到子夜，最后，在狂欢的人们"万岁"与"谢恩"的欢呼声中接近了尾声。

唐玄宗尽管看了半夜歌舞，可丝毫不显疲惫，在玉真长公主和杨玉环的陪伴下，兴高采烈地走下了勤政楼。

"夜这么深了，你们两人就在宫中住下算了。"下楼后，唐玄宗望着要向他告辞的杨玉环说。

"陛下，恐怕寿王在惦念，我还是走吧，反正有现成的车马。"说着杨玉环向玉真长公主看了看，"姑妈若没有什么事就别回观中了，在宫里安排个地方吧。"

唐玄宗见杨玉环执意要走，便说道："路上小心些，以后没事和你姑母到宫中来玩。"吩咐几个内侍提着宫灯送玉环走了。

望着越来越暗的远去的灯光，唐玄宗和玉真长公主都久久没有说话。

直到灯光消失在黑暗中，玉真长公主才缓缓地说："过两天我再到寿王府看看。"

"你要常邀寿王妃出来玩，闲时可让她到玉真观陪你。"唐玄宗沉思着。

"近日我就邀请寿王妃，皇兄有空也请过去。"玉真长公主机灵地说。

"好，到时你派人告诉我就是了。"唐玄宗倒很干脆。

"那好，就这样，我走了。"玉真长公主向皇兄道了别，往玉真观去了。

唐玄宗回到宫中，坐在明亮的蜡炬前，久久没有睡意。杨玉环的身影清晰地在他眼前晃来晃去，像月光下的花影，如此婀娜多姿，又如此神秘莫测。她似乎又站在他的身旁，红唇皓齿，一笑一颦都那么粲然。

高力士望着怔怔地坐在那里出神的唐玄宗，轻声说："皇上，累了一天，早点安歇吧。"

"睡不着啊。"唐玄宗叹息般应了一句。

高力士知道皇上的心事，然而既无法劝慰，又无力帮忙，只好默默地站在他身后。

窗外，浓重的夜色里，只有风在呼啸，似乎在追问着什么。

此后，玉真长公主到寿王府去了几次。起初，李瑁也陪着她，后来，这位姑母便让李瑁忙他的事去，说她只是没事顺路过来和杨玉环闲聊天，没必要让夫妇两个都陪着，并且还说有他这个大男人在旁边，她们说话也不随便。之后每当她来，李瑁只是上前行个礼，打个招呼就走开了，只剩下她和杨玉环在那里闲聊。

接触一段后，杨玉环倒特别喜欢这位语言机智而精明随和的姑母，因此，有时也到玉真观去与她谈笑。

不知不觉间，天气已经转暖。一天，杨玉环吃过早餐，送李瑁到慈宁寺听经后，独自无事，便坐在梳妆台前梳理浓云般光洁明亮的黑发，轻轻地往脸上涂着粉。

这时，一个侍女进来报道："王妃，玉真长公主派人来请。"

杨玉环道声："请进来。"

一个双髻如环、眉目清秀、身穿道袍的小道姑应声走进来。

杨玉环看了她一眼，问道："公主找我有事吗？"

小道姑走上前，口齿伶俐地说："师父闲来无事，想请王妃到观里坐坐，午餐也已做了安排。"

杨玉环一听，不禁笑了，"难得姑妈这么费心。好，你先回去吧，我收拾一下就去。"

小道姑却站着不动说："师父让我侍候王妃一同过去。"

杨玉环没料到任性纵情的玉真长公主竟调教出如此听话的徒儿，笑说："好，那你等一会儿，跟我一块儿走。"

收拾了半天，杨玉环才带上贴身侍女和小道姑，乘上精巧的小马车往玉真观奔去。

玉真长公主听到杨玉环到来，忙高兴地走出来把她迎进了客厅。

玉真观总是高朋满座，杨玉环见今天只有她们二人，不由满脸疑惑，纳闷地问道："就我一个？"

玉真长公主笑嘻嘻地问道："我呢？"

"没别人啦？"杨玉环也笑着问道。

"今天我想看看你跳舞，所以没叫别人，人多嘴太杂，也怕你不好意思。"玉真长公主脸上仍挂着笑。

玉环听到说跳舞，忙谦逊地说："我不过自己随便学了一些，恐怕你不会看上的。"

"我早就听人说你擅长舞蹈，还推脱什么。"玉真长公主一边说着，顺手抄起放在几案旁的琵琶，轻轻一拨，像一声清脆的鹤唳划过碧空，"来，我给你奏乐，跳什么？"

杨玉环稍事沉思，说道："就跳胡旋吧，你这里反正地方大，转得开。"

玉真长公主点点头，端坐在那里，整理了一下思绪，伸手一划，如同一下打开了冰封的河流，阻碍憋闷了一冬的溪水，顿时喧嚣而至，滔滔滚滚，一泻千里。

杨玉环早已做好准备，随乐曲的响起，她轻轻移动脚步舞动旋转起来。

乐曲声越来越洪亮激荡，杨玉环的舞步也越来越快速迅捷，像踩在炽热的火炭上，她的双脚在地面上轻轻一点，又抬向半空，她跳跃着、旋转着，衣裙飘飘，像顺风而降的仙子，又像不能自主地飞向半空的一片花瓣。

乐曲越来越急促，像有一股强大的力在推动着舞者，像愈绷愈紧马上就要断裂的一张弓。在乐曲的催促中，杨玉环飞速地旋转着，越来越快，像皮鞭抽打着的陀螺，旋转得疯狂而激情澎湃。她感到自己像一片树叶，正在向旋涡中心卷去，像一个失去了轨道的星球，似乎正在以光速，飞向太阳。

世界正在消失，迷失，迷失，她迷失在一个巨大的晕眩中，只有一道道白光在她眼前闪烁。

太快了，太快了！像风、像光、像思想，她无力承受！她是人，她无力承受这神的旋律、神的速度、神的晕眩、神的迷乱！

脚下一个踉跄，她身子一倾，向一张乌木几案撞去。

伴随着惊叫声，门口一个身影扑过去，双臂伸展，拉住了她。

杨玉环觉得自己倒在一个宽阔厚实的胸膛里，她闭着眼睛，只觉天旋地转，整个宇宙都在颤抖，在倾斜。

玉真长公主也早被刚才的情景吓呆了，琵琶的弦已经断裂，她怔怔地坐在那里，睁着两只大眼。

良久，杨玉环才长吁了一口气，轻轻地将自己痉挛着的双脚放到了大地上。她缓缓睁开双眼，一道深情炽热的目光，正注视着自己。像从梦中惊醒，她一激灵站起来，仓促地行礼说："皇上，刚才我撞着您没有？"

唐玄宗正为杨玉环冷不防从自己怀中挣脱吃惊，这时望着她窘迫、仓促的神态，爽朗地笑了："没有没有，我正想问撞伤了你没有呢？"

玉真长公主这时也忙站起来让唐玄宗就座。

唐玄宗坐下后，笑道："我早在外边看很久了，御妹琵琶弹得好，寿王妃舞跳得好，你们可真是珠联璧合！旋转这么急速的胡旋舞我可是第一次看到。"

玉真长公主顾不上回应唐玄宗的赞赏，只是拉着杨玉环的手问："撞伤了没有？"

这一问，问得杨玉环腮红耳赤，看了唐玄宗一眼说："幸亏皇上拦住了，什么都没碰着。"说着，握握玉真长公主的手说："你弹得可真好！"

玉真长公主听得出来，这是由衷的赞叹，不由笑道："还好呢，都让你碰伤了！皇上一会儿会怪罪我的。"

唐玄宗笑道："我正要怪罪你，你弹得也太急促了。玉环也是，人毕竟是肉体凡胎，做的总跟不上想的。所以，不论乐曲多急，你跳得却总不能太急。同样，不论心里想得多急促，弹出来的总也不能那么急促。"

杨玉环听到皇上直呼她的名字，再想到刚才的情景，脸更红

第二章　万千宠爱，凤凰枝头诉幽情

71

了，低头坐在那里，惴惴不安，显得十分局促。

唐玄宗反倒谈笑风生，与她们讨论着舞蹈和音乐。

过了会儿，气氛又轻松自然起来，杨玉环偶尔也说两句话，向唐玄宗请教音乐中的一些问题。

唐玄宗见有些问题说了半天，不演奏仍是讲不明白，便命玉真长公主取来一支竹笛，他边吹奏边给玉环讲解西域传来的胡乐中的一些问题。

待唐玄宗讲解完毕，玉真长公主笑道："皇兄索性演奏一曲，你刚才看了我们的表演，现在该让我们看你的了。"

唐玄宗摆弄着那支竹笛说："你这支笛子虽比不上我的玉笛，但刚才我吹着试了试，音质音色也都很好。来，就听你的。"

说着，他轻轻捋起袖子，吹奏了一曲《太平乐》。

杨玉环和玉真长公主对皇上的造诣都赞不绝口，称他已完全超过了宫中的乐师。

唐玄宗放下笛子，含笑望着杨玉环问道："不知寿王妃喜欢演奏什么乐器？"

杨玉环嗫嚅地谦逊着。

玉真长公主笑着应道："玉环最擅长的是击磬和吹笛子。"

"那好，请寿王妃也吹奏一曲吧。"唐玄宗说着，把笛子递过去。

吹皇上刚刚吹过的笛子，是不妥的，可是已经递到面前来了又不能不接，杨玉环为难地看了玉真长公主一眼。

玉真长公主笑道："皇上让你演奏，就演一曲让我们欣赏欣赏，我虽然听过你的笛声，皇上却从来还没听过呢。你吹着试试，有什么毛病也好让皇上指点一二。"

玉环只好接过笛子，试了几个音，略一沉思，吹了一曲《长寿乐》。

一曲听罢，唐玄宗击节赞赏："玉环吹奏的比我还要好！"

"我怎么能跟陛下比呢，皇上才真正是吹笛的高手。"杨玉环忙礼让着，"有两个音我就接得不太圆转，想来陛下也听到了。"

唐玄宗笑道："那点小毛病不算什么，用力稍匀些，就行了。"说着，伸过手，"来，我给你试试。"

玉环忙把笛子递了过去。

唐玄宗接过来，一边吹着，一边将她在演奏中出现的问题做了一番讲解后，又交给玉环说："你再吹吹看。"

玉环照着唐玄宗的意见，在几个转弯处，送气轻了一些，感到效果果然改进了不少。

她放下笛子，敬佩地看了唐玄宗一眼，笑道："陛下指教的极是。"

唐玄宗一仰脸笑了，"不过是摸索多年的一点心得，吹得多了你也就明白了。"

玉真长公主看天色已经不早，便向唐玄宗笑道："只顾欣赏你们两位的演技，连吃饭都忘了，来，咱们准备上食吧。"

唐玄宗看了玉环一眼："还真觉得有点饿呢，好。"

三人前去用膳，唐玄宗在正席坐了，玉真长公主和玉环两人作陪。

席间，唐玄宗与她们边吃边谈，他讲的各种各样有趣的故事，使杨玉环不时开心大笑。

饭后，三人在道观花木扶疏的花园里散了会儿步。在年轻貌美的杨玉环陪伴下，享受着暖融融的春天的阳光，迎着和煦的春风，唐玄宗感到格外舒畅。他的思维似乎敏捷了许多，如珠的妙语一串串从舌尖溅出。

唐玄宗身着便服，迎着风，潇洒地走着，脚步轻快健捷。花香与身旁杨玉环身上散发的芬芳刺激着他正走向衰老的生命，似乎有一颗饱满的种子正在他的身上萌发，他感到自己的每一块肌肉都开始鼓胀起来，像脚下被春天的幼芽所拱起来的泥土。

生命，生命的冲动又一次回到他的心中，像春风中的蓿草，他感到自己在这明媚的春光下重新萌发了绿意。

在玉真长公主和杨玉环的陪伴下，唐玄宗沿着弯曲的小道，穿过一丛丛春花，轻松地走着。他觉得自己好像不是在散步，而是正在穿越时空的隧道走向过去，走向30年前的他。

是的，今生今世，如果有杨玉环这个美丽纯真的女人在身边，他将永不衰老，像一棵常青树，永远伴随着春夏秋冬。

专宠贵妃，倾国佳人

　　唐玄宗回到宫里，日思夜想着杨玉环，他多么想让玉环时刻陪伴在自己身边。但棘手的是玉环是寿王妃，自己的儿媳，如果直接召到身边，舆论会如何呢？自己虽是大唐明皇，一代天子，但也不能无所顾忌。如何能得到玉环，又让别人说不出什么，自己又不失身份呢？正在唐玄宗苦苦思索时，高力士为他出了个绝妙的主意。那就是让玉环变换个身份，先去当女道士，然后再在适当的时候册封为妃，这样一来，就名正言顺了。唐玄宗表示同意。

　　唐玄宗以为母亲窦太后"永存追福"的名义，在窦太后的忌日令寿王妃申请为女道士，代皇帝公宗尽孝。玉真公主在玄宗的授意下，也极力劝说玉环出家做道士。

　　太庙里，玉真公主身着法衣，迎接寿王妃。她将道袍披在玉环身上，并授予符录法器。寿王妃拜祭窦太后，在完成了一套礼仪之后，寿王妃成了一个女道士，玄宗为她赐道号为"太真"。

　　为了能随时看到玉环，唐玄宗令人在大明宫内修了道观，取名"太真观"。这样，就可以让玉环住在宫里了。在"太真观"里，玄宗和玉环谈天说地，说古论今，谈得最多的当然还是音乐舞蹈，有时还有诗歌。谈得投机高兴时，玄宗还会亲自奏上一曲，或陪玉环一块儿跳舞或为玉环击鼓伴奏。

玉环度道不到一年，女宗待她的礼数就已经如同当年的武惠妃。玄宗亲切地称玉环为太真妃，宫里的人们则称她为娘娘。

唐玄宗自得到玉环后，整个人都变得年轻有活力了。有玉环在身边，他感到精神亢奋，生活愉快。他常常和玉环相互依偎，漫步在兴庆宫里，游乐于龙池湖畔，静坐在沉香亭内，品茗于花事楼上。玄宗给予玉环无尽的恩爱。玉环也渐渐地离不开玄宗了，她由原先对玄宗的敬仰转化为爱恋。她知道玄宗是何等地喜欢她，她感受到了玄宗是多情的君王。她更折服于玄宗的治国才能，欣赏玄宗的气宇风度，佩服玄宗的多才多艺。

时光飞逝，玉环度为女道士已近5年。玄宗决定正式册封杨太真为贵妃。在册封前，玄宗先为寿王举行了婚礼，召左卫郎将韦昭训的女儿为寿王妃。这样，寿王与玉环的关系便彻底结束了，玄宗为自己娶玉环做好了充分准备。

天宝四年八月初六，唐玄宗颁布诏令正式册封太真观女道士杨太真为杨贵妃。在兴庆官里，玄宗准备了丰盛的酒宴，百官前来庆贺，举杯祝愿玄宗和贵妃幸福美满。从此，唐玄宗开始专宠贵妃。

唐玄宗专宠贵妃经过了一个曲折复杂的过程。久经考验，他们的爱情达到了至深弥笃的境界。《长恨歌》取材于史料，融合传说，运用文学的集中写法，摈弃两次"出宫"事件，突出二人爱情发展这条主线，从而奏响了两人身心交融由浅入深的三部曲，即性爱、情爱、挚爱三个阶段。

唐玄宗一生最钟情的妃子，前有武惠妃，后有杨贵妃，但相比而言他更爱杨贵妃。

　　众所周知，唐朝后宫规模极其庞大。依照礼制，例置皇后一人，以下有嫔妃，多达122名。嫔妃列于内职，经过正式册命的，称为"命妇"。此外，还有无数的宫女。作为盛唐天子，唐玄宗理所当然拥有众多嫔妃，不过，其中受恩宠的只是少数。首以见幸的是王皇后，王氏出自关中官宦名门，唐玄宗为临淄郡王时纳她为妃。后来，王氏及其父王仁皎、其兄王守一，都曾参与平定武韦之乱，建立了一定的功勋。唐玄宗即位初，便以王氏为皇后。但王皇后日渐年长色衰，兼又无子，不久失宠。王守一"常惧有废立，导以符厌之事"，企图求子邀宠。事露，唐玄宗借机将王皇后废为庶人。

　　接着，唐玄宗宠幸的便是武惠妃。武氏出自武则天本家，与唐玄宗是表兄妹的关系。先天元年，武氏年届十五，便被召入宫，跻身于"渐承恩宠"的行列。看来，这位"少而婉顺"的武氏少女，比年长色衰的王皇后、赵丽妃等人，更能获得唐玄宗的喜欢。及至开元十二年，王皇后被废之后，武氏"承恩宠"又进了一步，唐玄宗特赐号"惠妃"，已从册封方面予以宠冠后宫的认可了。至开元二十二年，武氏益受宠，司马光在《资治通鉴》里就曾说："宠幸倾后宫。"所谓"倾后宫"，是指压倒后宫其他嫔妃，标志着武惠妃达到了真正独承专宠的地位。此后至她死时为止，这种专宠维持了30多年。

武惠妃承恩的时间是够长的了，唐玄宗对她的感情也是颇深的，但比起后来入宫的杨贵妃还差一截。也就是说，对杨贵妃爱宠的程度超过了武惠妃。

杨贵妃入宫不到一年，就已宠冠后宫，礼数同于皇后，而武惠妃至少等了12年，才得到皇后规格的待遇，而且，杨贵妃这种专宠地位一直延续至马嵬坡被缢杀为止，长达10年。

唐代文学家陈鸿早就对此做了这样的白描："时省风九州，泥金五岳，骊山雪夜，上阳春朝，与上行同辇，止同室，宴专席，寝专房。虽有三夫人、九嫔、二十七世妇、八十一御妻（应作御女），暨后宫才人、乐府妓女，使天子无顾盼意。"其中，唯有"骊山雪夜"是符合实情的，其余"省风九州，泥金五岳"与"上阳春朝"等都属虚构。从这些虚实相生的手法，形影相随的刻画，我们不难发现唐玄宗专宠杨贵妃的历史实际。

纵观历史，李、杨的爱情是长久而又弥坚的，在此期间它有着不同寻常的基础。

封建时代，皇帝拥有多妻制的特权，嫔妃成群，是没有什么爱情可言的。但另一方面，皇帝也是人，必然会有感情、家庭生活，甚至还有高远的情趣。拿唐玄宗来说，他除了履行"朕即国家"的皇权使命外，还有个人精神方面的理想、寄托、爱好与追求。尽管他的私生活比较放荡，却很重感情，从成年到暮年，几乎离不开一个"情"字。早先宠爱歌伎赵氏，不因她出身寒微而有歧见，后来封她为赵丽妃。可见，在感情与门第的天平两端，他是重前者的。

王皇后虽是他发难创业时的内助，但在爱好、兴趣等方面和唐玄宗格格不入，不讨其欢心。王皇后由此不幸被废而死，"后宫思慕之，帝亦悔"，流露出唐玄宗对她存有怀念之情。武惠妃死后，唐玄宗深为哀悼，追思不已，说明他对惠妃有深厚的感情。后来，他对杨贵妃更是一见倾心，一往情深。

然而唐玄宗又是多情多欲的风流天子，嗜色的需求驱使他干出荒诞不经的事。《开元天宝遗事》有记载："开元末，唐玄宗每至春时旦暮，宴于宫中，使嫔妃辈争插艳花；帝亲捉粉蝶放之，随蝶所止幸之。"这种传说，当然不会在官方史书中看到。历史上曾有晋武帝随羊车选幸嫔妃的故事，反映了封建统治者性生活方面的荒淫无耻。不论事实真假，但"开元末"，正是痛失武惠妃而得杨贵妃的时候。宫嫔千数，无可悦目。随蝶所幸，恰恰是唐玄宗的反常心态的表现。一旦找到了真正的所爱之人，就会恢复常态："后因杨妃专宠，遂不复此戏也。"

在遇到杨玉环之前，除武惠妃死前几年外，唐玄宗流露出多情多欲，溺于众爱。王皇后、杨皇后（追赠）、刘华妃、赵丽妃、钱妃、皇甫德仪、刘才人、高婕妤、郭顺仪、柳婕妤、钟美人、虞美人、阎才人、王美人、陈美人、郑才人、武贤仪等，先后共养育了59个子女。而唐玄宗得到了杨玉环以后，改变了泛爱乱性的习惯与某些荒唐无耻的做法，逐渐地产生了专一的情爱。

爱情从来不是一厢情愿的，只有双方共爱才会产生诚挚的感情。唐玄宗专宠杨玉环，杨玉环也爱唐玄宗。由于双方感情的交流，才使二人的结合产生了较持久的力量。

杨玉环不仅把唐玄宗视为人间的至尊，而且看作自己心爱的人，而后者正是别的嫔妃难以做到的。一般的嫔妃难有独立的人格、突出的个性，或者受宠若惊，或者惧而失宠。杨玉环的出众之处是，把对天子的爱在一定程度上还原为对"人"的爱，然后在彼此之间追求某种对等的情爱。她以贵妃自居自尊，不让别人染指。这种心态表面上看来，似是嫉妒，实质上也是一种变相的情爱。她既不能容忍唐玄宗宠爱别的嫔妃，也不隐讳自己对皇帝的不满，敢于在唐玄宗面前大发脾气。对比一下，王皇后、赵丽妃、皇甫德仪、刘才人等虽不满武惠妃的争宠，但不敢冲撞唐玄宗。武惠妃虽嫉妒其他嫔妃分享"恩宠"，但也不敢冒犯唐玄宗。在她们心目中，皇帝是至尊，她们不敢将对天子的爱还原为对人的情爱。这种观念上的差距和精神上的桎梏，是不能产生杨贵妃式的女性的。

杨玉环独具鲜明的个性，她不是纤弱含蓄的贵妇，而是大胆泼辣的美人，两次"出宫"事件清楚地反映了这一点。如果说，第一次"忤旨"造成了出宫的后果，事先还不知道，那么，以后应压抑情绪，就不至于出现第二次"忤旨"。但是，还是再次"出宫"了，说明她忍受不了，才敢于发作。而"出宫"之后，她和唐玄宗一样地感到彷徨与内疚。两人都对暂时的分离既有孤单之感又有悔恨之情，反映了两人的内心深处是相爱不可分的。

唐玄宗晚年面临着兄弟诸王都已仙逝的情况，徒然地增长了孤独感，变成了名副其实的孤家寡人。执政后期，荒怠政事，使贤者日疏，谀者日亲，索性日渐委政佞幸，深居内宫。身边虽有老奴高力士可以谈一谈，但老奴毕竟代替不了异性的温存，更不能成为其精神上的慰藉。杨玉环恰好在此时此地出现，正迎合了唐玄宗的及时欲求，填补了他感情上的空虚。因此，唐玄宗对杨玉环宠爱弥专，杨玉环对他也是体贴入微。深沉的共爱，充实了唐玄宗晚年的精神生活。

体态的美丽，融合的旨趣，亲密的交流，融入了李杨的共同生活，是李杨最终成为神仙眷属的重要基础。

首先，杨玉环的美貌是唐玄宗喜爱她的首选因素。开元二十八年十月，皇子诸王御例随唐玄宗行幸骊山，时距寿王妃结婚将近五年。唐玄宗早已多次耳闻目睹寿王妃的美艳了，用不着别人"或言妃资质天挺"，但从寿邸召入内宫是要别人提出的。固然，唐玄宗一见之下，喜不自胜。没有美貌这一外在条件，杨玉环是无缘成为贵妃的。

其次，旨趣交融，是他们情投意合的最重要的因素。他们既有艺术家的素质与才艺，可谓歌舞知音；又有道教徒的虔诚和信仰，可谓崇道雅好。这两点是构成他们融合旨趣的主要条件。他们性格颇多相似，唐玄宗豪爽、诙谐、乐观，贵妃率直、开朗、大胆。他们生活情趣不随世俗，不拘传统，趋向时尚，崇尚开放，共同的专趣使两者情感得以坚固。

再次，通过两次风波，显露了各自个性，进而彼此交流，互谅互让，增长了情爱。唐玄宗虽然生性活泼，感情丰富，但被封建帝王的尊严禁锢了，被宫阙礼仪束缚住了。杨玉环的出现，以她特具的美貌与风情，使唐玄宗晚年生活激起新的感情波澜。杨玉环与众不同，她独具天赋，当然知道获得唐玄宗欢心的必要。但是，她在皇帝面前并不那么百依百顺，排他的心理、不逊的顶嘴，说是妒忌也好，泼辣也好，都显示了她是个有胆量的女性。两度风波，使她窥见了唐玄宗虽然贵为天子，但仍是一个多愁善感的至尊。总而言之，彼此感情的交流，旨趣的融合，奠定了他们共同生活的基础，升华了情感，最终达到了亲密无间的境界。

唐玄宗对杨玉环一见倾心，首先就是迷恋她的天生丽质。然而，杨玉环并不满足自己的自然美，还崇尚时髦打扮，追求服饰美，积极推行"天宝时世妆"，这也迎合了唐玄宗的心意。

"汉皇重色思倾国，御宇多年求不得"，唐玄宗后来终于如愿以偿，选了"天生丽质难自弃"的杨玉环。陈鸿形容她的美貌是"殊艳尤态"，超越众美，另一位唐代文学家刘昫叙写为"姿色冠代"。两人异词同义，都赞扬她是盛唐第一美人。在唐玄宗的眼里，杨玉环是"生平雅容""尔颜类玉"，如此的赞誉说明杨玉环确实使他倾心不已。

杨玉环的丽质带有盛唐时代的印记。盛唐崇尚健康美，体型俗好丰肌，故司马光说："太真肌态丰艳。"陈鸿咏杨贵妃"纤称中度"，用词较为恰当。即既不纤小，也不过度丰腴，而是丰纤适中，略显丰满。北宋乐史说的最为确切："妃微有肌也。"还说杨贵妃"有姐三人，皆丰硕修整"。"丰硕"，就是丰满之间，以丰为美的盛唐审美观还一直影响延续至中唐。

杨贵妃的"丽质"还有另一个特征是，脸型丰满匀称。史载"（太平）公主丰硕，方额广颐""则天以为类己"。武则天有"武媚娘"之称，曾使高宗迷恋，高宗当然认为她"方额广颐"是美的脸型。这种审美观，显然受到印度佛教犍陀罗艺术风格的影响。当时的佛像面部雕刻多呈生动、慈祥的表情和方额广颐的造型，一变魏晋佛像严肃、呆板的神态，颇多流露了世俗人情味。盛唐也以"方额广颐"为美，上下匀称，面如佛相，形如莲子，唐玄宗称之曰"莲脸"。他又以"莲脸嫩"，充分形容这种带有盛唐气质的白嫩脸型之美。从《长恨歌》赞美杨玉环"雪肤花貌"的洁白皮肤以及比喻她"芙蓉如面柳如眉"来看，多少反映了她嫩如白莲或白荷的"莲脸"。

杨玉环一双美目以及体型、脸型特征，恰好与开元天宝时期崇尚蓬勃向上的健美风气合拍，这也就无怪乎她成为"姿色冠代"的佳人了。

杨玉环的仪态风范也很动人，陈鸿描写她"举止闲冶"，形容仪态行为举止从容不迫，没有局促不安的窘态，却有落落大方的风度。

盛唐长安盛植牡丹，春季花开，成为朝野内外著名的观赏花卉。牡丹色艳花硕，层层叠叠，被誉为富贵之花。一时赏牡丹、咏牡丹，成为文人学士的雅兴。李白就曾以牡丹比拟贵妃仪态，反映了盛唐丰富的物质和精神文明。

唐玄宗喜欢自然美，也爱好修饰美。杨玉环在天生丽质之外，也喜梳妆打扮、粉黛艳抹。两人对化妆术的共同爱好，也是打开爱情心扉的一个条件。据说，唐玄宗于华清宫造端正楼，作为贵妃的梳洗之所。贵妃心领神会，"由是冶其容""以中上意"。对于贵妃的分外之美，后史告奇曾有关美容术的"红汗"与"香囊"就是典型例子。

何谓"红汗"？据五代王仁裕记载："贵妃每至夏月，常衣轻绡，使侍儿交扇鼓风，犹不解其热。每有汗出，红腻而多香，或拭之于巾帕之上，其色如桃红也。"贵妃会出"红汗"，看来有点怪异，其实是她施朱涂红、拭汗沾色的缘故。这种敷面及唇的化妆品，究竟是什么呢？极有可能是一种高档胭脂和红粉。元稹《离思五首》曰"须臾日射燕脂颊，一朵红苏旋欲融"，反映了唐代贵族妇女特别盛行涂脂抹粉的浓妆风尚。据胡三省考证，元代的"富贵之家，悦巾率以胭脂染之为真红色"，是"唐之遗俗"，即唐代胭脂除了化妆之外，还用来染色，质优不易褪色。盛唐还盛行以红粉敷脸、脖颈及胸的打扮，正如张祜《李家柘枝》诗云，"红铅拂脸细腰人"，元稹《恨妆成》："傅粉贵重重，诛朱怜冉冉。"很明显可以发现，杨玉环身出"红汗"并染红揩汗的"巾帕"，是她浓抹胭脂与红粉的染色所致。

杨玉环还喜爱胸佩"香囊"。当时异域进奉的香料、香药很多，纳入囊中，称为"香囊"。这是当时的珍稀之物，一般说来，皇家贵族才有。唐玄宗从不轻易赏赐予人，只用来赏赐宠臣与宠妃。如天宝九年，唐玄宗驾幸华清宫，曾赐"香囊珍宝"等物予安禄山。杨贵妃身佩的"香囊"，当然也是唐玄宗所赐。据记载，马嵬坡惊变，埋假骨黄泉，唐玄宗回銮，打开墓穴，发现生前"香囊"仍在。诗人张祜有感而赋："蹙金妃子小花囊，销耗胸前结旧香。"指出贵妃佩戴的是用"蹙金"绣成花朵，内盛香料，故称"花囊"。"香囊"中的香药、香料散发出异香，可以经久不艳，绵绵不绝，刘禹锡故说"缕绝香不歇"。李益亦有类似的吟咏："浓香犹自随銮辂，恨魄无由离马嵬。"诗人以贵妃香消玉殒，寄托唐玄宗离愁，别具艺术匠心。贵妃喜佩"香囊"，浑身散发异香，无疑是历史的真实写照。

其实，杨玉环所谓体红气香，也反映了唐玄宗的嗜好。唐玄宗的《好时光》词描写盛唐美女的化妆曰"体红香"。贵妃出"红汗""佩香囊"，正是"体红香"的如实反映。她的三个姐姐可能也身佩"香囊"，有人从她们随幸华清宫的车中一窥，不禁香气扑鼻，残留"数日不绝"。可见，佩戴"香囊"是当时宫廷与贵妇的最高装饰时俗，也是豪侈生活的反映。

步摇，是古代妇女鬓发修饰品，上有垂珠，步则摇动。盛唐的步摇以金玉作饰，比前朝制作精致。史称唐玄宗亲为杨玉环簪步摇，说明他喜欢步摇。这是流行于天宝年间的时世妆，宋欧阳修云："妇人则簪步摇钗，衿袖窄小。"杨玉环常以假鬓为首饰。"假"者，借也，凭借双鬓插上首饰，很可能是步摇。可见，唐宋文人"金步摇"之咏，不仅为诗文修饰的辞藻，也是史家纪事的实录。

陈鸿《长恨歌传》称，杨玉环"披紫绡"。紫绡，为质轻如纱的紫色薄绢。这种服装十分符合贵妃的喜好和个性，既便起舞，亦似武装，类似披肩或披衫，如此穿戴增添了女性的潇洒、矫健之美。毋庸赘言，这也是贵妃诸姐仿制的对象。她们穿"罗帔衫"，袒露颈胸，更显开放。

唐代妇女喜着红裙，为了协调颜色，罕用紫色披肩。杨玉环喜欢"披紫绡"，也就不宜着红裙，因此，《新唐书·五行志》载她"好服黄裙"。值得注意的是，原来杨太真为女官时曾戴黄冠，专宠后又好服黄裙。黄冠是道教徒广泛崇尚的标志，黄裙也可能与"天宝中，上书言事者，多为诡异"，以应符命有关。李唐据说承汉代火运，为土德，"衣服尚黄，旗帜尚赤，常服赭赤也。赭，黄色之多赤者"。因此，唐玄宗于天宝十年颁布《诸卫队仗绯色幡改赤黄色诏》，以符土德。正是在这种气氛下，"智算警颖，迎意辄悟"的杨贵妃，带头穿起黄裙，具有以应土德的含意，贵妃诸姐纷纷效法，虢国夫人"衣黄罗帔衫"。

画眉是古代妇女的眉饰风俗，唐代特别盛行，唐玄宗尤其注意画眉样式的总结与推广。据《杨慎外集》记载，唐玄宗曾令画工画过十眉图，即鸳鸯眉（又名八字眉）、小山眉（又名远山眉）、五岳眉、三峰眉、垂珠眉、月棱眉（又名却月眉）、分梢眉、涵烟眉、拂云眉（又名横烟眉）、倒晕眉。十眉图是根据开元年间流行的眉式整理加工的，成为当时妇女画眉的范本。天宝年间，眉式时俗发生了变化，盛行起柳叶眉。《长恨歌》描写的"柳如眉"，就是柳叶眉，其特点是眉式线条细长、宛如柳叶，是当时的宫眉。

描画柳叶眉施用青黛之色，唐玄宗尤善此道。他在《好时光》词里说："眉黛不须张敞画，天教人鬓长。"画柳叶眉无须掠动画眉能手，只要抓住细长要领就得了。从刘禹锡《马嵬行》所写的"共爱宿妆妍，君王画眉处"来看，也许这是唐玄宗为贵妃画柳叶眉的经验之谈。盛唐"天宝时世妆"的眉式特点是"青黛点眉眉细长"，与中唐"元和时世妆"的"莫画长眉画短眉""双眉画作八字低"迥然不同。

杨玉环喜梳高髻，将发髻梳高，遍插首饰，《新唐书·五行志》称为"义髻"。"义"与"假"通，故"义髻"亦可称假髻，《长恨歌》描写贵妃发式为"翠翘金雀玉搔头"。梳妆特点是将发梳松，发端插上发环，环呈扇形，正中大，两边小，上饰金凤、珠翠等首饰，后佩孔雀翎，两鬓簪步摇，后人称这种发式为玉环髻或杨贵妃髻。如此豪华的发饰，当然引起了人们的愤慨，故有"义髻抛河里"的不满情绪流露。

高髻时尚始于唐初的宫妆。当时"俗尚高髻，是宫中所化也"，后及民间，形成流俗，时至盛唐，风气更加开放。除了发饰趋向繁富之外，花样也别出心裁了，杨贵妃又成为宫妆发饰的创新者。她喜欢在宝冠上插花，宝冠上插花叫花冠，髻上插花，称为"簪花"。当时长安贵族妇女兑簪名花，几与簪步摇同步流行。

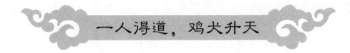

一人得道，鸡犬升天

杨玉环晋为贵妃后，杨氏家族就以外戚的地位，享有皇权赋予的种种特权。杨家上自长辈，下至同辈，几乎都得到了皇恩浩荡、惠泽同流的好处。当时普遍流传的民谣说，"生女勿悲酸，生男勿喜欢"，"男不封侯女作妃，看女却为门上楣。"

杨家在一片推恩与承泽声中，杨玉环的养父杨玄珪却被隐没了。

原因很简单，如果有了"杨玄珪"，就会叫世人联想到杨贵妃即其"长女"。如果真的想起了10年前《册寿王杨妃文》，总有点不愉快吧！而隐掉了"杨玄珪"，也就多少掩盖了杨贵妃即寿王妃的一段历史，特别是对不了解内情的世人来说，这样做更有必要。

封建时代推恩是按等亲进行的，首先要恩及父母。杨贵妃是10年前认杨玄珪为父亲的，现在却认定了生父杨玄琰，这是皇帝推恩之大势所趋，未必出于杨贵妃本人的主意。唯有如此，世人才会相信杨贵妃是杨玄琰之女，跟那个"杨玄珪长女"迥然有别。杨贵妃与寿王妃之间的某种联系被割掉了，真不愧是虚伪的妙计。

杨玄琰早已亡故，必须追赠官爵。《资治通鉴》卷215云："赠其父杨玄琰兵部尚书。"这是天宝四年（745年）八月初次赠官。《旧唐书·杨贵妃传》又载："妃父玄琰，累赠太尉、齐国公。"

注意，所谓"累赠"，就是再次追赠的意思。兵部尚书，正三品；太尉系三公，正一品。可见，官爵越赠越高，也反映了唐玄宗对杨贵妃的专宠程度。

杨玉环幼年时代，父母双亡，推恩也不忘已故的生母。《旧唐书》云："母封凉国夫人。"《旧唐书》行文是紧接"累赠"妃父之后，所谓"封"也是追赠的意思。乐史编写《杨太真外传》时，倒理解得正确："又赠玄琰兵部尚书，李氏（生母）凉国夫人。"透露了追赠的迹象，换言之，李氏早已亡故。《长恨歌传》仅仅说："叔父昆弟皆列位清贵……姐妹封国夫人……"

杨贵妃长辈中健在的，只有叔父杨玄珪。唐玄宗封他为光禄卿，从三品，还算是得体的。后来，杨玄珪累迁至工部尚书，正三品。于是，杨玉环生父杨玄琰追赠的官爵相应提高，从兵部尚书加至太尉、齐国公。

此外，随着杨贵妃的日益得宠，特地为"贵妃父祖立私庙，唐玄宗御制家庙碑文并书"，这对于杨氏家族无疑是莫大的荣耀。

杨贵妃的兄弟们也因她而纷纷获得官位。

亲兄杨铦，即杨玄琰之子，初任为殿中少监，从四品上，协助掌管天子服饰，总领尚食等六局之官属。后迁鸿胪卿，从三品，再授三品、上柱国，享有"私第六戟"的荣宠。唐制官阶勋三品以上，私宅家门施棨戟。项安世《家说》曰："棨戟，殳也，以赤油韬之，亦曰油戟。"这油漆的木戟，原是汉代官吏出行时做前导的仪仗。唐人门施棨戟，表示主人地位的高贵。

从兄杨铸，即杨玄珪之子，初任侍御史，从六品下。八月癸卯（初七），即正式立贵妃之次日，唐玄宗册武惠妃的幼女为"太华公主"，命杨铸尚之。杨铸娶了公主，循例晋为驸马都尉，从五品下。但是，驸马都尉是武散官，凡尚公主者皆授之，而侍御史则是有职有权的流官。看来，杨铸尚太华公主时以侍御史兼领驸马都尉的。太华公主曾以母宠，倍受钟爱，礼遇过于诸公主，下嫁以后，唐玄宗特赐近宫的甲第，号称"太华宅"，与宫禁相连，这就使杨铸顿时光耀门庭。

从祖兄杨钊，即后来的杨国忠，因为他是贵妃三代直系之外亲属，初次推恩时也就轮不到他。杨钊在仕途上另辟蹊径，走着一条与杨氏其他兄弟不同的道路。

杨玉环还有一个堂弟，名叫杨鉴。大约开元二十三年册寿王妃的时候，杨鉴始生不久。天宝四年，他的年龄当稍大于10岁，必小于15岁（男子行冠礼年）。天宝九年以后，史载："妃弟鉴皆尚公主。"杨贵妃前系"杨玄珪长女"，故视杨鉴为"弟"，实际上是堂弟。至此，杨鉴十六七岁，始尚公主，推恩授职为"湖州刺史"。

杨玉环有三个亲姐姐，分别嫁与崔、裴、柳三家，依丈夫家姓氏，也可称为崔氏、裴氏、柳氏。崔、柳两家，在杨玉环被度为道士后，于天宝初年搬到长安城居住。二姐所嫁的裴家，是成都的巨富，她一直住在成都。她丧夫守寡，才带着钱财、僮仆来到长安，意在与姐妹们团聚。

裴氏生性泼辣，放纵不羁，喜欢过自由自在、无拘无束的生活。她来长安不久，闻听妹妹已被当今天子立为贵妃，在宫中最受宠爱，羡慕和好奇的心情驱使她迫不及待地要入宫见见这位贵妃妹妹。

按照宫中规矩，外戚不经宣召是不能随意入宫的，然而这位裴氏放纵任性惯了，她不管什么宫廷规矩礼仪。这天，她竟投帖宫门，请见皇贵妃，帖子上写着"贵妃之姊裴杨氏"几个字。监门官因为杨贵妃是唐玄宗的宠妃，不敢造次，便将帖子交给内侍宦官，呈送杨玉环。

玉环看到帖子，又惊又喜。她已多年没和姐姐们见面，很想知道她们的情况，叙叙别情；又惊异二姐如此唐突，全不顾宫中规矩。她怕二姐在宫门外闹出什么事来，便破例让内侍赶紧把二姐迎入宫中。

姐妹久别重逢，十分欢喜。两人互相打量着对方，寻找旧时的模样和岁月流逝带来的变化。她们都发现对方依然是那样美丽，裴氏赞叹道："多年不见，妹妹越发漂亮了，难怪皇上立你为贵妃。你可知你的名气有多大？从蜀川到长安，我一路上都在听人谈论你。你快说说，你是怎样当上贵妃娘娘的，是不是入宫做了女道士，才勾上皇帝的？"

玉环被她说得哭笑不得，回道："我做道士入宫，再当上贵妃，都是皇帝的旨意，只能遵旨行事。什么勾不勾的，多难听，还是说说你的情况吧。"

裴氏道："我比你可差多了。裴家是经商的，很有钱，可毕竟是地方上的富户，见不了什么大世面。我嫁到他家吃穿不愁，可心里总不快活。幸好我夫婿不久前病死了，我又获得自由，可以自由自在地生活了。我有你这个贵妃妹妹，将来不愁没有好日子过！"

玉环笑道："姐姐还是原来的样子，什么都不在乎，就连丈夫死了也不当回事。"

"我那个男人没什么可惜之处。现在我是贵妃之姊，大唐天子便是我的妹夫，京城的贵家子弟只怕要成群结伙地追求我，还愁找不到好男人！"

玉环笑着啐了她一口，言道："姐姐脸皮可真厚，也不怕人笑话！"

"我才不会假正经呢。就拿你来说，不也是先嫁儿子、再嫁老子吗？人生不过如此，活着就要追求快乐。我倒忘了，听大姐说，你的养父、咱们的三叔父，为了你当贵妃的事很不开心，都闹出病来了。"

玉环叹息道："叔父领养我以后，一直待我如亲生女儿，只是他读儒家的书太多了，人很古板，怎么也不能理解此事。如今为了我闷出病来，我真觉得对不起他。"说着眼圈一红，落下泪来。

裴氏连忙劝解说："你也不必难过，我想他过一阵子就会好的。不管怎么说，你当上了皇贵妃，是我们杨氏一门的荣耀，以后我们大家都要依靠你和皇帝妹夫的荫蔽呢。听说他是个风流多情的英俊皇帝，我今天不知有没有福气见到他？"

玉环说："他就在前边宫里，今日朝中没什么要务，你若想见，我差人叫他回来就是。"裴氏道："莫忙叫他，咱们姐俩先说会儿话吧。"两人又说起了家常话。裴氏说："你还记得阿钊吧，他如今也在四川做官。职位虽不高，但前程很不错。临来长安时，他还托我向你致意，让你别忘了他这个远房堂兄。他这个人很乖巧，最会讨人欢心。""你说的是哪个阿钊？""你真是贵人多忘事。阿钊就是伯祖父的独孙，论起来是你我同曾祖的堂兄弟。""我记起来了，小时候在四川，我们还与他一起玩耍过。这么多年过去了，不知他现在长成了什么样子？"

裴氏又说："听说李白为你写的那些诗，叫什么《清平调》的，早就传到蜀川，人们都很爱唱。他生长在四川，蜀地的人最喜欢他的诗。他在诗里把你好好赞美了一番。我早就想看看他诗中所说的沉香亭了！"说着她吟诵起李白诗句：

名花倾国两相欢，长得君王带笑看。

解释春风无限恨，沉香亭北倚栏杆。

"这诗写得多美，我都能想象出你与皇上在沉香亭前赏名花，他被你的美貌所陶醉，生出无限爱意的样子，真让人羡慕死了！"

玉环道："姐姐尽拿我逗趣。沉香亭就在那龙池东北边，从窗中就能看到。你若要看，一会儿我带你去走走。"

正在这时，唐玄宗忽然回后宫来了。玉环慌忙起身，先施一礼，然后半介绍、半解释地说："这是我的二姐，她近日才从蜀中来到长安。她与我多年未见，急着想来看我，所以没经过陛下事先允许就径直来了。"

玉环说话的时候，裴氏从旁打量着大唐天子，她觉得他很有男子魅力，气度成熟沉稳，丝毫不见苍老。她真羡慕自己的妹妹，能得到这样一位风流潇洒而又权力无限的皇帝丈夫。

玉环话音才落，裴氏就大大方方走上前来，行了叩拜之礼，起身说道："臣妾生长边荒，不懂得宫中规矩，今日不请自来，还望陛下恕罪！"唐玄宗笑道："既是贵妃的同胞姐妹，便不是外人，我若知道你来了长安，怕是要先请了你来，以慰贵妃思亲之情。"

裴氏接口道："臣妾虽久居远荒，却久闻陛下的英名，只惜无缘得见。今日得睹天颜，足慰平生。"又道，"陛下有圣贤之才、神仙之貌，我小妹貌若天仙，陛下与她相伴，真是神仙眷属、世间佳侣，古往今来，无人可比！令臣妾好生高兴，好生羡慕！"

唐玄宗、玉环都被她的话逗笑了，玉环道："姐姐从小就是这般调皮不羁，陛下千万不要与她计较！"唐玄宗笑道："自家人在一起就应无拘无束，她这样我很喜欢！"

短短的对话间，唐玄宗便发现，姐妹俩的气质完全不同：玉环美丽、活泼，却不失端庄稳重，她就是在撒娇使性时，仍不失稚气与纯朴；而这位姐姐，同样很美，却聪慧骄艳、放纵不羁，眉宇间聚着妩媚，目光中闪着秋波，颇有一种魅人的力量。说话时妙语连珠，善于调侃，而又富于挑逗性。

他心中暗道：杨家的女儿真是天生的尤物，各有各的妙处。一时间，他竟不知该说什么，情绪起了微妙的波动。只听玉环说："姐姐想到沉香亭去看看，陛下若是累了，就先入内休息，我们姐俩去去就回。"唐玄宗忙道："我并不累，只是在前朝听政有些怠倦，正想散散心，我便与你们同去，也好尽一下地主之谊。"

他们出宫、上辇，不一会儿已来到沉香亭中。唐玄宗命摆上酒食，唤来小部乐队，三人一边饮酒小吃，一边欣赏着美景和雅乐。几巡酒过后，裴氏更加无拘无束，与唐玄宗仿佛相熟已久，席间话语如珠。

谈话间，她忽然道："今日我才真正体会到李白《清平调》中的意境与含意。'赏名花，对妃子，焉用旧乐词'。"她顺口说出那日唐玄宗说过的话。这毫不奇怪，李白《清平调》诗序中，已记录了当日唐玄宗命写新词的话语。

她接着说道："我最喜欢《清平调》中的第一首与第三首。"说着便用甜润悦耳的声音，吟诵起这两首诗词：

云想衣裳花想容，春风拂槛露华浓；

若非群玉山头见，会向瑶台月下逢。

名花倾国两相欢，长得君王带笑看；

解释春风无限恨，沉香亭北倚栏杆。

"他的诗写得多美，完全是在夸赞我的妹妹。尤其是'名花倾国两相欢，长得君王带笑看'一句，真是神来之笔，惹人遐想，动人情思。我若是个男人，看到贵妃妹妹这样的美人，也禁不住会动情的。陛下那日'赏名花，对妃子'，是不是都看入了迷，生出无限情思！"

唐玄宗笑而不答，玉环嗔怪地看了姐姐一眼。裴氏不睬她，又问道："我若说话随便，陛下不会降罪吧？反正我是一介平民，就是降罪，也无官爵可夺。"唐玄宗仍笑着说："贵妃的姐姐岂是平民可比，你有什么话只管说。"

裴氏顿了顿，语带调侃地说："我们杨家的人还不曾沾贵妃妹妹的光，得此封赏，却先获罪，只怕于情理上说不过去，陛下看我说得对不对？"唐玄宗再次被她逗笑，看着她美目流盼的眼睛说："原来你入宫是来向我讨封赏的。这你尽可放心，封赏会有的，到时一定少不了有你一份。"

"陛下到时不要赖账啊！"裴氏得寸进尺。"君子一言，驷马难追，你可曾听说皇帝何时说话不算数！"唐玄宗也是针尖对麦芒。三人说说笑笑，不觉天色已暗。唐玄宗留裴氏在内宫用了晚膳，才派人把她送出宫去。

玉环姐姐的来访，给唐玄宗留下深刻印象。他觉得她有一种特别的吸引力，能让人兴奋、冲动。回寝宫后他问玉环共有几个哥哥、姐姐。玉环答：有一个哥哥、三个姐姐，他们现在都住在京城，今天来的是她二姐。玉环的回答使他生出无限好奇，他十分想看看她另两个姐姐到底是什么样子。

杨玉环为姐姐说话随便、没有分寸而向唐玄宗道歉，唐玄宗却说："我毫无怪罪她的意思，相反，有点喜欢她这样。我身为至尊之主，周围的人总对我唯唯诺诺，使人腻烦。有人能对我无拘无束，就当给我换换口味。希望你也能这样对我，别拿我当至尊，至少在私下里。"

停了一会儿，他又说："你姐姐的话也给了我启发，我对你们杨家的照顾的确太少，在皇室的所有外戚中，唯有你家的封赏最少，我要设法补偿。一是尽快宣布对你亲族们的封赠，二是想在宫中设宴，遍请你的家人、亲族。"杨玉环感激地点了点头。

杨玉环被立为贵妃一个月以后，也就是晚秋九月之时，唐玄宗在兴庆宫中专为杨家的人举行了一次特别的家宴性质的宫廷宴会。

杨玉环家族中的人，除在东都养病的养父杨玄珪外，全部到场。她父辈的人中，有远房的叔父杨明肃；同辈的则有自己家的长兄杨锴及三位姐姐崔氏夫人、裴氏夫人、柳氏夫人，二叔父家的堂兄杨铸，三叔父（即养父杨玄珪）家的堂兄杨鉴和妻子承荣郡主。

参加宴会的除了杨家的人外，还有唐玄宗的妹妹玉真长公主、堂妹长宁长公主及儿子杨洄、女儿咸宜公主。

宴会开始时，唐玄宗对众人说："这是一次家宴，只有亲戚之谊，没有君臣之别，所有的人都不要拘束。"

在酒宴上，杨玉环的二姐裴氏照例是最活跃的人。自上次入宫得见唐玄宗后，她对他几乎消除了君臣界限，在他面前更加无拘无束，应对自如。她很快就与精明而爽快的玉真长公主相投起来，言来语去，好不热闹。

在她俩带动下，女宾们消除了拘谨感，热烈交谈起来，相比之下，男宾们显得比较拘束。唐玄宗一面礼节性地与杨明肃交谈，一面观察着杨家姐妹，他发现她们个个都很美。杨玉环的美是超凡脱俗的，大姐崔氏夫人与三姐柳氏夫人的美是端庄凝重的，富有大家风范。就气质而言，杨玉环最富浪漫的艺术气质，而二姐裴氏却代表着一种世俗的活力，至于大姐、三姐，则于平淡中蕴含着隽永之气，真是各具特色，耐人寻味。

晚宴过后，唐玄宗也仔细考虑着对杨家的男宾们的封赠。与此同时，杨玉环的远房堂兄杨钊（后改名杨国忠），也从蜀中赶来长安。他是奉地方官之命出使京师的，实际上这次使命是他拼命争取来的。精明而善于钻营的他，是想借此机会走一走堂妹杨玉环的路子，以求飞黄腾达。

杨钊没能赶上唐玄宗为杨家设的内宴，但经过一番努力，他终于凭借与贵妃沾亲的关系留在了长安，在金吾军中当了一名小官。他坚信只要留在京城，凭着自己的本事和贵妃的关系，总会出人头地、飞黄腾达起来。

冬天，杨贵妃随同唐玄宗再次离开长安京城，来到了骊山华清宫内。离开长安兴庆宫后一路风尘、多日不沐的唐玄宗到华清宫后，立即拉上杨贵妃同入浴池，共洗温汤。杨玉环虽已被封为贵妃，但此时还有些羞涩之感，她很少与唐玄宗同池共浴，尤其不愿被人瞧见她被唐玄宗拉着共入浴池。今日共浴，已经使玉环面红耳赤、心跳加快。

在华清宫的数十日内，唐玄宗与杨贵妃几乎每日一浴，但杨玉环仍不愿与唐玄宗同时进入浴室。可当时在宫中有个著名舞伎，名叫谢阿蛮。她本是长安兴庆宫中的名伎，歌舞俱佳，长相虽不算出类拔萃，但极为聪明伶俐，善解人主之意，又异常活泼开朗，深得唐玄宗的赏识。唐玄宗走到哪里，她便被随身带到哪里，经常为唐玄宗欢歌起舞，增加快乐。

谢阿蛮看到唐玄宗与杨贵妃情深意笃，水乳交融，便也在其中做了许多穿针引线之事，尽量为君、妃的情爱创造一切条件。她得知唐玄宗喜欢在浴池中与贵妃寻那戏水的快乐，而那杨玉环却不主动与唐玄宗共浴，于是谢阿蛮便常常一手拉上皇帝唐玄宗，一手拉着杨贵妃，三人一同前往，而自己则扮作侍浴之人。当她把杨贵妃与皇上拉进浴室之后，便转身出门，留下玉环。由此，唐玄宗更对谢阿蛮产生了好感，谢阿蛮也在皇上面前表现得更加放肆。一天傍晚，唐玄宗沐浴之后，谢阿蛮见贵妃与唐玄宗都很开心，便附在皇上耳边说："陛下，哪日能把贵妃的娇姐也哄来华清宫，咱们也好与您四人共乐一池，圣意如何？"

唐玄宗本来就是个风流天子，后宫三千尚嫌不足，有了杨玉环才算如了他的意，但时间一长，难免又产生不满足之感，所以今日听谢阿蛮一说，便笑道："阿蛮，你真是投朕所好，深知朕心啊！"

一旁的杨玉环不知阿蛮讲了些什么，便上前询问唐玄宗："谢阿蛮曾出何言？而令陛下开怀大笑？"唐玄宗见贵妃追问，也不隐瞒一字，坦然地说出了谢阿蛮要贵妃姐入宫及同入温泉浴池之语。杨玉环的脸颊又是一阵泛红，她并未马上说话，先独自更衣上床，安然地躺下才说："这谢阿蛮也真是花花肠子，她尽搞些讨陛下欢心之事，陛下又不管教她。"停了一下，玉环话题一转，又说：

"陛下如果真想让臣妾那贱姐入宫陪伴，我也绝不忌妒，贱姐丧夫多时，至今未嫁。"

唐玄宗听了急步来到床边，俯身亲了亲玉环，不作言语，却只是笑。唐玄宗一笑那谢阿蛮的提示十分合心可意，那阿蛮也真是调皮得可爱；二笑贵妃姐裴氏这个曾有过短时夫妻生活体验的小寡妇，将与自己同床共枕，交欢为乐，一定开心得很。那时自己的身边不但有柔媚动人的玉环、活泼可爱的阿蛮，还将有度过寡居生涯的裴氏。此外，唐玄宗的笑声还有第三种含义：玉环得知自己要令其姐入宫侍浴，却毫无妒意。玉环不但柔媚文雅，博学多识，而且胸怀坦荡，更令唐玄宗爱不胜爱。

要说这玉环不嫉妒唐玄宗宠爱他人，说的也并非真心话，可她一想到自己的姐姐寡居不嫁，生活虽然过得去，但毕竟孤独寂寞，若入得宫来，被皇上宠爱，又可与自己常在一起，也算是姐妹团圆，可以互相照应。另外，玉环不嫉妒的原因还在于她是真心地爱皇上，她想，只要皇上开心，哪怕自己受苦受难，甚至献出生命也在所不惜。

两天之后，杨玉环的姐姐裴氏（本名杨怡），被引入了华清宫。唐玄宗对此自然是欢快无比，即令宫中大摆宴席。盛宴之间，杨玉环姐妹俩分坐在唐玄宗帝左右，可此时的唐玄宗却不是左顾右盼，而是完全倾视于左边的杨怡。看着这位如花似玉的大姨子，唐玄宗竟然揽她入怀，大胆地调笑、嬉戏。唐玄宗感到，这杨怡年龄虽与玉环相差无几，可并不像玉环那样温柔，自有股风流、调皮的气质。

裴氏寡居多时，如今再次得到男人之爱，也重新勾起了情欲，骨子里似乎再次体验到了渴望的满足，于是她竟无顾忌地当着妹妹的面与妹夫唐玄宗调笑起来。只见她一会儿偎依在皇上的胸前，一会儿抬头接受唐玄宗的亲吻。

杨玉环本来早已在心理上做好了不嫉不妒的准备，但在今日的席间，她近在咫尺地看到爱夫与亲姐长时间毫无忌惮调情，也着实醋浸酸骨，不忍再看，一次次找借口离席而去，又一阵阵以袖遮面，独食独饮，心头极不是滋味。

再说唐玄宗对贵妃的情绪毫无察觉，而对裴氏的脉脉含情却很在意。最后一次离席复归的玉环见状，再也不能落座，便在侍女的搀扶之下，独自回寝室，卧床掩被而泣。她万万没有想到，这爱夫与亲姐一旦合欢，自己竟如此难忍难受。唐玄宗还在与自己的姐姐寻欢作乐，恶心化作了胸痛，她又倒在了锦床上轻声呻吟。听到贵妃哀叹的女仆，上前问贵妃娘娘是否贵体不适，可否请太医诊治，那贵妃却连连摆手，示意不用请什么太医。因为她知道，别说太医，就是神医也难解自己的心头之痛。

为此，天宝九年二月，忍无可忍的杨贵妃与唐玄宗大闹一场，结果惹恼了唐玄宗，杨贵妃又被责令遣送出宫。

但时间能够医治一切创伤。贵妃对于唐玄宗与姐姐嬉戏合欢的不适应，随着时间的推移，渐渐地也不觉得那么不堪视听了。加上唐玄宗始终未忘与贵妃的长生殿夜语，更始终认为是杨玉环给自己带来了新的活力，甚至对贵妃姐裴氏之爱，也变成了感激杨贵妃的重要内容，于是唐玄宗常常以老夫对少妻的特殊柔言蜜语安慰贵妃，体贴入微，就连贵妃在天子面前发脾气、训皇上，唐玄宗也能忍之再忍，并让高力士等近臣、宦官从中调解。这样一来，贵妃杨玉环逐渐理解了做天子的心胸，二人继续相濡以沫，如鱼似水。

而裴氏，虽与唐玄宗不止一次地合床交欢，更敢在公众面前与妹夫戏闹，却从未想过要夺人之美，取妹妹的贵妃之位以代之，甚至连长期待在宫中或多日陪伴君王的想法都未有过，她追求的是个性的解放。

而唐玄宗十分乐意裴氏的选择。当他对裴氏招之即来、挥之即去，来之尽情、去之尽兴时，也感到这样的女人填补了玉环百态皆媚的不足，于是更加施恩于杨氏家族。裴氏很快被封为虢国夫人，贵妃的另两个姐姐崔氏和柳氏也分别被封为韩国夫人和秦国夫人。

三个姐姐被封为国夫人，并一一赐予宅第，进住长安，但夫人之夫却默默无闻，只是借杨氏之光环，享受荣华富贵而已。

长安的文武百官见杨氏受封者除已故者外，均为女性，于是提出了贵妃的堂兄杨鉴。但杨鉴服父丧未满，又娶了郡主为妻，应该待服丧期满得国公之位，眼下只能等待了。

朝臣们惊奇的是三位国夫人受封后，并没有在宫中举行声势浩大的仪式，也没有庆贺的盛宴，只是一道诏敕颁下之后，杨氏三姐妹同时入宫叩谢皇恩浩荡而已。而在皇室往来祝贺之时，却显出有些乱礼之举。秦国夫人柳氏为贵妃姐姐，本应比太子高一辈，按理柳氏受封后只向皇上谢恩便可，可她却独自去太子东宫谢恩，原因是柳氏之夫柳澄之的弟弟柳潭，娶了太子之女和政郡主，柳澄之随之低太子一辈，那柳氏也随丈夫低太子一辈，故向太子谢恩请安。而那太子李亨十分清楚柳氏为贵妃娘娘的姐姐，本应称之为姨娘，又如何接受其谢礼，只好暂且离宫，令东宫官吏僚属接待，也算是躲过一场尴尬应酬。

　　杨氏三姐妹被封赐之后，谢过皇恩，各归京城宅第，只有那裴氏还时常身入宫门，与皇上笑闹逗情，不断博得皇上的欢心。而唐玄宗身边的近侍宦官高力士从中不知做了多少精心安排：嘱咐门卫，安慰贵妃，替皇上与裴氏寻欢铺平了道路。高力士也因此升级晋爵，由一名宦者被封为一品骠骑大将军之职衔，在唐代武散官二十九阶中，位居第一。品级第一，与三师三公平起平坐，也算是唐代空前绝后的特别擢拔。高力士这位骠骑大将军，自然不领兵率将驰骋疆场，但其权力却大有一人之下、万人之上的苗头，宫内宫外、朝上朝下，无一人敢轻视。这高力士也的确能言会做，凡事言之中肯，做之适度，令唐玄宗常常在朝臣或宫人面前夸奖他能干，并嘱咐众人要服从他的安排。高力士并未辜负皇上的赏识，对皇上的生活起居、治国理政都关心备至，力求做到万无一失。

　　高力士之才能，不仅在于让皇上享受安乐，也不断调停贵妃与诸姐之间的隔阂，更能让贵妃与皇上的摩擦大事化小、小事化无，宫中一片喜乐气氛，这使得杨贵妃及其三姐妹都对高力士怀有好感，可高力士绝不敢在其中任何一人身上有丝毫的沾惹之嫌，只是尽效愚忠。

君王笑看，美人相伴

开元二十九年过后，唐玄宗主持了隆重的庆典，宣布改年号为天宝，结束了一个辉煌的时代，掀开了大唐王朝的新的一页。也就在这开元时代的最后一年仲冬，杨玉环住进了兴庆宫，她以太真妃和"娘子"的身份，迎来了新的天宝时期。天宝之初，政治上日益昏庸，而李杨爱情却获得了发展。

庆典中，唐玄宗在向上苍祈祷天下太平的同时，也暗自祈求上苍让他的身体永远这么康健，让他和杨玉环一起再安享30年荣华富贵。

自从进入天宝年后，唐玄宗为了显示万象更新，将许多官职名称予以改变。中书令称为右相，侍中改称左相，尚书、左右丞相称为仆射，并将各州改称郡，刺史也改称为太守，连东都洛阳也改称为东京。

也许是这股改名风的影响，宫中对杨玉环的称呼也改变了，人们都称她"太真妃"，尽管"太真"是她的道号，而她也并未受封为妃，但人们不约而同地都这么叫起来了，于是，杨玉环与唐玄宗也只好认可。

当时由于年年丰收，西京、东都米斛二百钱，天下绮安，海内富实。唐玄宗为"开元盛世"所陶醉，宣称："自朕嗣守丕业，洎三十年，实赖宗社降灵，吴穹孚占，万方无事，六府惟修，寰宇晏如，庶臻于理……式降惟新之泽，可大赦天下，改开元三十年为天宝元年。"

天宝元年正月初一，唐玄宗亲御兴庆宫西南隅勤政楼，受群臣朝贺，正式改开元为"天宝"。二月，唐玄宗加尊号为"开元天宝圣文神武皇帝"，改侍中为左相，中书令为右相，尚书左右丞相依旧为仆射，东都为东京，北都为北京，州为郡，刺史为太守。至天宝三年正月初一，改"年"为"载"。

然而，天宝时期，政治未能创新，不过是开元晚期政治的继续。罢张九龄、相李林甫，标志着唐玄宗由"明"而"昏"的转折，而这一转折并非始自天宝元年。当然，天宝初期，政治上日趋昏暗，右相李林甫妒贤嫉能，"凡才望功业出己右及为上（唐玄宗）所厚、热位将逼己者，必百计去之"。唐玄宗则以为天下无事，高居无为，悉以政事李林甫，结果连高力士都"不必深言天下事矣"。

随着"天宝"时期的到来，李杨情爱有了新的发展。兴庆宫里，龙池畔、沉香亭、花萼楼……唐玄宗与"娘子"游赏名花，演奏新曲，沉醉于歌舞之中。天宝元年十月丁酉至十一月己巳，杨玉环跟随唐玄宗，第四次去骊山，共33天。天宝二年十月戊寅至十一月乙卯，第五次骊山避寒，共38天。次年正月辛丑至二月庚午，第六次去骊山，共30天；十月癸巳至十一月丁卯，第七次去骊山，共35天。可见，唐玄宗"耽乐而忘返"，时间之长大大超过了前三次。歌舞游乐，从某种意义上说，反映了唐玄宗与太真妃之间的情投意合。

据唐朝韦睿《松窗录》记述，有一次，正逢繁花盛开、牡丹吐艳，唐玄宗和太真妃到兴庆宫龙池东沉香亭前赏花。春意渐浓，迎着和畅的春风，他们穿行在花丛中。

"陛下，你看那株桃花！"杨玉环忽然指着一株盛开的桃花叫起来。

唐玄宗转头一看，这株桃花与别的大小不相同，奇大的花朵繁盛美丽，一片片花瓣拥挤在一起，像无数女人的红唇。

他不禁好奇地与杨玉环走过去。

跟在身后的高力士见他抚弄着花枝，大惑不解地与别的桃花比较着，忙凑上前，说道："陛下，奴才听他们说这是从西域引种过来的千瓣桃花。"

"啊，原来是西域的新品种，怪不得以往从未见过。"唐玄宗兴致勃勃地拨弄着花朵。

杨玉环望着高力士说："高将军，这么多花朵长在一起，那该结多少桃子。"

高力士嘿嘿地笑着："太真妃，我听他们说这桃树并不结果，开的花只能供人看。"

唐玄宗轻轻折下一枝，拉过玉环，斜插在了她戴着的宝冠上，笑眯眯地向高力士问道："力士，如何？"

高力士笑道："太真妃戴上这枝花更显娇美。"

"好，这千瓣桃花以后就叫助娇花，可好？"唐玄宗兴奋地叫起来。

高力士忙连声赞叹皇上这名字起得妙。

杨玉环提起衣裙，在他面前做了个有旋舞的动作，飞快地转了一圈，头上花枝乱颤。

唐玄宗望着她高兴活泼的模样，不禁仰脸大笑起来，"力士，快命人准备，我要和太真妃在这里赏花饮酒。"

高力士应了一声，转身就要走。杨玉环却叫住他，说道："两个人唱一曲。"说着她摇摇唐玄宗的胳膊，问道："行吗？"

"只要你高兴，有什么不行的。"唐玄宗握住她的手笑道，"拿来，玉环今天高兴，我们索性痛饮一番。"

高力士忙又应了几个"是"，一路小跑着去了。

说完两人更紧地拥抱在一起，笑了。

不一会儿，一群小太监在桃花下摆好了酒席。歌手李龟年、舞伎谢阿蛮和琵琶手贺怀智等十余名梨园弟子也各自带着乐器来到。

李龟年手持檀板，率众人一起向唐玄宗和玉环行了礼。

唐玄宗与玉环并肩坐在桃树下的小几后面，抬手说了句："免礼。"让众人站了起来。

"龟年，你们开始表演吧。"唐玄宗吩咐了一句，便端起随侍小太监斟好的酒，向杨玉环一示意，举起来喝了一杯。

贺怀智手捧琵琶走上前，行了礼，说道："今天我弹奏陛下写的《得宝子》，请皇上和太真娘子欣赏。"

贺怀智是梨园有名的琵琶高手，他的这张琵琶用玉石做槽，用鸥鸡筋做弦，演奏时需用铁拨弹奏。

只见他手捧琵琶，端坐在那里，一凝神，挥动手指，铮铮淙淙地弹奏起来。《得宝子》是唐玄宗为了表达喜获杨玉环的心情而创作的，曲调热烈亢奋，喜气洋洋。贺怀智精神抖擞，完全沉浸在乐曲声中，将这种欢乐的心情表达得淋漓尽致。

唐玄宗听着他的演奏，激动地用右手拍打着自己的膝盖。弹奏到乐曲高潮时，他大叫道："怀智，站起来，反弹！"

反弹琵琶是边弹边舞的一个动作，需要极高的舞蹈技巧和演奏技巧。

贺怀智听到唐玄宗的叫声，耸然站起，迈着轻快的舞步在他们面前跳跃着，乐曲依然流畅热烈，毫无凝滞之感。

忽然，他举起琵琶，轻巧地一转，将琵琶斜横在背后，弹奏起来，姿态格外优美高雅。

众人不禁鼓掌，叫了一声："好！"

杨玉环还是第一次欣赏这一技艺，瞪着明亮的眼睛，望着身段优美的贺怀智。

终于，一曲奏完，贺怀智暗暗吸口气，捧着琵琶，在一片喝彩声中向唐玄宗致礼。

唐玄宗哈哈大笑道："怀智演奏得越发精妙，听得我目眩神驰。"

贺怀智忙躬身道："都是陛下的曲子作得好。"

唐玄宗笑道："你演奏得更好！没有你的演奏，我的曲子岂不是废纸一张。"

贺怀智受到夸奖，红着脸站在那里称谢不已。

杨玉环轻轻一拉唐玄宗的衣袖，低声说："快赏酒。"

唐玄宗笑道："怀智，听到了吗？太真妃要赏你酒。来，赐酒！"说着他从案上端起一个酒杯。

站在一旁的小内侍忙接过来递给了贺怀智。

贺怀智双手接了，行了一礼说："谢陛下，谢太真娘子赏酒。"说完一饮而尽。

接着，上来表演的是谢阿蛮。

谢阿蛮长得小巧玲珑，脸色白得像玉。她本是西域人，父母带她到长安卖艺。后来父母双亡，她独自流落到安城外的新丰。一天唐玄宗打猎归来，见新丰街市上有个卖艺的小姑娘，长得格外惹人喜爱，便把她带进了宫中。因她姓谢，小名阿蛮，所以就叫她谢阿蛮。

谢阿蛮走到唐玄宗和杨玉环跟前恭敬地行了一礼，便开始表演她最拿手的杂耍。

只见她一会儿把头从背后弯过来伸到跟前，一会儿又把身体缩作一团，钻入一个陶罐中。

望着她让人眼花缭乱的表演，唐玄宗笑道："此女柔若无骨。"

杨玉环也忙把她叫到自己跟前，握握她胳膊，又摸摸她的腿，笑道："你也有骨头啊，怎么那么柔软？"

谢阿蛮害羞地一笑："都是从小练的。"

"坐这儿，让我好好看看你这个小鬼精灵。"杨玉环说着一拉，让她坐在自己身边。

谢阿蛮不敢坐，有些惶恐不安。

唐玄宗笑道："太真妃让你坐就坐吧，怕什么？"

谢阿蛮只好称谢一番坐了下来。

这时，李龟年手捧檀板走上前，向唐玄宗、杨玉环作了一揖，便报出了自己最擅长的歌曲名字。

杨玉环一听又是那些听了无数遍的旧曲子，便问他有没有新的歌。

李龟年一时不知所云，吞吞吐吐地说："回太真妃，因为没有新词，所以我只好唱这些旧曲子。"

唐玄宗见杨玉环不想再听旧曲，便说道："应该找人写新曲子嘛。"

李龟年吓得不敢再吭声，只好呆呆地站在那里。

沉吟了半天，唐玄宗问："听说民间流传着李白写的《清平乐》，不知龟年是否会唱？"

李龟年愣了一下，说："会唱，但恐不入皇上与贵妃之耳。"

唐玄宗与杨贵妃同时说道："但唱无妨。"

李龟年就放开歌喉：

云想衣裳花想容，春风拂槛露华浓。

若非群玉山头见，会向瑶台月下逢。

一枝红艳露凝香，云雨巫山枉断肠。

借问汉宫谁得似，可怜飞燕倚新妆。

名花倾城两相欢，长得君王带笑看。

解释春风无限恨，沉香亭北倚栏杆。

唐玄宗与杨玉环不禁拍手叫好。

酒宴就在这欢庆的气氛中结束了。

第三章

倾国倾城，人生苦短醉光阴

　　杨玉环若生在别的年代，或许成不了杨贵妃。唐朝人以丰腴为美，杨玉环则"凝脂胭华"，连"脂肪"都开始"凝集"，像"胭脂"一样散发着"华丽"的色彩。她一入宫便集"三千宠爱在一身"。杨贵妃虽无皇后之名，但得皇后之实，而且比一般的皇后更受尊宠。

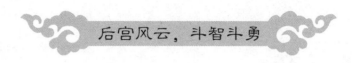

后宫风云，斗智斗勇

梅妃是在武惠妃过世后，杨玉环还未得宠时，由高力士在福建觅得的一个进献给唐玄宗的美人。当初，由于梅妃对宫廷生活不熟悉，还坚持她少女时的性格，没能很快地改变脾性迎合皇上，结果被皇上厌弃，最后迁居上阳东宫居住。经过这些年的磨砺和见闻，现在的她已经幡然醒悟，痛感自己当年的幼稚和不懂事，错失了被皇上宠幸的最好时机。现在，她看到杨玉环得宠后的风光，更是悔恨交加，不愿就这样老死皇宫。于是，她梦想着再次靠近皇上，重获他的宠爱。

上阳东宫地处偏僻，就是给那些遭贬的嫔妃居住的，除了几个侍候她的宫女，一天也难得有几个人来。刚开始的时候，梅妃很是满意的，一天下来，画上几笔梅花图，写上几首梅花诗，聊以度日，倒也自娱自乐，不觉寂寞。但随着天长日久，她到底是个正当青春年华的女子，身上的情欲已被皇上撩拨起来，这种寂寞清静的日子，过一天两天可以，如果长年累月地过下去，又有哪个少女能受得了呢？慢慢地，她的心里空落起来，神情间落寞难耐，整日画画写诗终不能聊解肉体和精神的需要，她变得烦躁难安了。

侍候梅妃的几个宫女都是上了年岁的老宫女，她们与她也没有过多的交流，更不要说谈诗论画了。当梅妃问起她们的身世时，心中不免吃惊。原来她们入宫都有许多年了，也是在她这个年龄就离别家人来到宫中，几十年里，竟一步也没离开过皇宫，家人的消息也是音讯皆无。梅妃问她们，皇上可曾记得她们，她们竟都笑了起来。她们说："你以为人人都像你那样有福，能被皇上临幸？告诉你吧，我们入宫这些年，连见着皇上的面都屈指可数。"

听了她们的话，梅妃暗暗吃惊，原来她们入宫这么些年，连皇上的面也没见着几次，她们这些年都是怎么度过的呢？

"你都看到了，不就是这样度过的吗？"

"就这样？"

"就这样！"

如果说开始梅妃还是略微吃惊的话，那么她现在就是震惊了，这怎么可能呢？太让人不可思议了。几十年如一日，整天就是抹抹桌子，打扫打扫殿堂，日出而作，日落而息。一个人的青春年华，全部的美貌容颜，就在这种单调无味的劳作中一天天消殒殆尽，看着皱纹慢慢爬满自己的额头与眼角，华发顿生，步履蹒跚，太可怕了，太不可想象了。

梅妃从她们的身上突然看到了自己的未来，想到若干年后，自己也会变成这样，老态龙钟，不堪回首。

用不着想象，这是肯定的事，这从她们回答的语气和神态中已经可以看出，她们已经把她当作一样的人。虽然她们年龄上有大小，但处境是一样的，心境也必是一样的。梅妃看到，这些老宫女对人生与命运没有一点希望与奢求，也没有一点生的乐趣，她们的生活只是每天机械地往嘴里塞一些食物，只等着某一天死神把她们接走。死，对别人来说是可怕，但对这些感受不到生的乐趣的人来说，死与生又有什么分别呢？或许死比生更让她们向往，可以摆脱这种单调乏味的生活。许多人不死，也许只是怕牵连到家人，不过或许家人已经把她们忘记了吧。

看到这些，梅妃再也无法静下心来了。她还年轻，身上还有着激情与活力，她不能想象自己会走那些老宫女的路。于是她辗转反侧，夜不能寐。此时，她真正为自己当初的不懂事而痛悔起来。她收起了清高心性，她要为改变自己的人生之路而重新思索。

但她的出路只有一个，那就是重得皇上的欢心，在深似大海的皇宫，她没有第二个选择。在一切围绕着皇上旋转的宫廷中，每一个人的命运都和皇上挂钩，皇上对你好，你就风光八面；皇上冷落你，你再有能耐也是白搭，只能寂寞地过日子。

能不能重获皇上的欢心呢？对这一点，梅妃心里没有把握，但不管怎么样，她都要试一试，她已经没有退路了。是的，如果不能重获皇上的欢心，不能过上丰富多彩的生活，无疑就是等死。

一般来说，一个被皇上冷落的妃子，再想获得皇上的宠爱是很难的，以前从来没有过。但没有先例，并不代表没有可能，梅妃决心从头来过。

她在心里仔细查点了她与皇上间的感情，认为她与皇上之间还是有感情的，这给了她做此事的信心。当初，她与皇上诗文唱和，也曾有过一段形影不离的岁月。皇上欣赏她的文采与画技，为她着迷过。她想，皇上是不会彻底把她忘记的。

但时过境迁，现在皇上因为有了新宠，一定对她淡漠了，她该如何唤起皇上对她的记忆呢？总不能一个人跑到皇上面前去陈述自己悔恨的心情吧。一来，宫中的嫔妃不许随意走动；二来，她觉得这样反而不好，不会达到预想的目的。为此，她苦思冥想。

境遇真能改变一个人啊。当初，梅妃心高气傲，连皇上也不巴结，现在却挖空心思地想如何才能引起皇上的注意，她无意间又想到了高力士。

她只能想到高力士，是高力士把她从福建带到京师的，是高力士把她从贫贱中挑选出来，推到显赫的地位，再让她饱受寂寞的。一句话，是高力士改变了她的命运。高力士也可以说是她在京城唯一的亲人，虽然这个亲人有点牵强附会，但除了高力士，她还能想到谁呢？

于是，她让宫女去请高力士来，但高力士不来。

陪伴皇上几十年，当着内侍省头儿的高力士知道梅妃为什么请他。他什么事没遇过，什么人没见过？梅妃请他，除了让他帮助她靠近皇上外，还能有什么事？

高力士猜得一点也没错，他不想搅这个浑水给自己找麻烦。他对梅妃的相请，一而再再而三地回避。

梅妃见高力士不理睬她，心中又急又恼，但她没有泄气，她就像一个溺水的人，手中紧紧抓着这根救命稻草。她知道她不能放手，只有拼命抓着它，才有可能得救。在多次派宫女相请不见回音后，有一天，她亲自去找高力士了。

高力士一见梅妃亲自前来，吓得连忙站起，告罪不已，说近来政务太忙，实在不能分身到上阳东宫去，望梅妃见谅。不管怎么说，梅妃是皇上曾宠幸过的妃子，现在虽失宠，但封号还在，场面上的尊卑还是要讲的。

梅妃显得并不见怪的样子，她笑着对高力士说："阿翁，好久不见你了，我只是想请你去叙叙旧，讲讲话，想不到大驾难请。"

"不敢，不敢，是奴才不识抬举，劳梅妃久望。"高力士嘴里虽这样说，但神态间没有一点得罪了人的惶恐。

梅妃觉得内侍省高力士办事的官署不是谈话的场所，就说："阿翁，如果哪天有空，请到上阳东宫一坐，陪我讲讲话，可好？"

"奴才一定去，一定去。"

"莫要让我久盼啊。"

"不敢，不敢。"

此话一讲，高力士知道，上阳东宫，他是一定要去的了。几天后，高力士偷偷到了上阳东宫。为什么说偷偷呢？因为上阳东宫住的多是遭皇上冷落的妃子，他作为皇上面前最红的宦官，平日很少来，因为怕惹麻烦，他不想引起别人的注意。

到了梅妃的住处，梅妃没有和高力士讲上两句话，竟抽泣起来，这让高力士始料不及。开始，梅妃并不想这样，但不知怎么的，讲着讲着，她的眼泪竟流了下来。按理说这是不应该的，她是主子，而高力士是奴才，但此主子不是彼主子，此奴才也不是普通奴才。梅妃在谈话中，突然想到当年自己就是随着眼前这人来到京师长安的，现在亲人都远在天边，她情不自禁就把高力士当作亲近之人，心中的委屈让眼泪不自觉地流了出来。

随着眼泪的流下，梅妃埋藏在心底多日的委屈、怨尤如同找到了一个宣泄口，一发而不可收地奔涌而出。当然，她不会直接讲出，只说她这么些日子都见不到皇上，心里想念皇上，只想见见他。

梅妃说着，又抱出了一摞画稿给高力士看。高力士看到画稿上全是皇上的画像，有站着的、有躺着的、有戴帽的、有束发的，足足有几十张，张张神采不同。此外还有梅妃自己的画像，而她的像都画得比较小，边上留下一大块空白。梅妃说，那是留给皇上的，还没有画上去。

听了梅妃的话，看了她的画稿，再看着梅妃流泪不止的样子，高力士的心也软了。不管怎么说，梅妃是他从遥远的福建带到长安的，在心里，他对她有着一份特殊的情感。他没有子女，不知怎么的，从梅妃对他充满信任的倾诉中，高力士感到一种父辈的责任。

高力士明白梅妃内心迫切的需求，被皇上冷落的日子不好过，特别是对一个年轻的妃子来说，而她曾经是得过皇上宠幸的。

"阿翁，你一定要帮我满足这个心愿啊。"

看着潸然泪下的梅妃，高力士不忍心拒绝她的请求，但他实在没有把握能满足她的这个请求。因为现在皇上对杨玉环的宠爱是他以前从来没有见过的，如果皇上依然心无所定，他还好努力，现在，一切都难说了。最后，他只能说尽力而为。

送走了高力士，梅妃所能做的只有静静地等待消息。她不知道高力士将会带给她什么消息，如果高力士带给她的是不好的消息，就是说皇上对她已经不再感兴趣，那么，她真的不知道将怎样度过今后的漫长岁月，也不知道有没有勇气等着时间的刻刀在她的脸上划下一道道岁月的印痕。她希望等到的不是这个消息，她甚至幻想着，哪怕皇上把她遣送出宫呢，也算给了她一条生路，但那只是她的梦想，皇上曾宠幸过的女人，除了死神外是谁也不敢接纳的。

从梅妃那里回来的高力士，心里并不轻松。他本来是想去走个过场，回来就把这事忘掉的，但梅妃的悲伤深深地打动了他，让他有种推卸不掉的重负。他想，如果有机会，可以在皇上面前帮她提一提，至于皇上对她有没有兴趣，那就看她的造化了。

这天，高力士和唐玄宗在一起，正好有外蕃进贡了一包珍珠。那些珍珠个个大如猫眼，晶莹圆润。唐玄宗当即让人送给杨玉环一些。高力士看了心想，此时不讲更待何时？于是，他近前奏道："皇上，您还记得吗？梅妃也是很喜欢珍珠的。"

听到这话，唐玄宗默然不语。他知道，正如高力士所说，梅妃所佩戴的饰品，不是用金银铸就，而是用珍珠做成的。就在高力士深为自己言语唐突，惹得皇上不高兴而自责时，唐玄宗说："那就也送几颗给梅妃吧。"

于是，高力士释然了。他看到效果已经达到，先在心中引起了皇上对梅妃的追忆，一切还要慢慢地来，他不再开口了。

当高力士把那几颗珍珠送给梅妃时，梅妃竟激动得捧着珍珠哭了起来。以前皇上给过她太多的赏赐，她都没有放在心上，这次面对着几颗珍珠，她竟不能自持。从中她看出了皇上对她往昔的情义，虽是小小几颗珍珠，说明皇上对她还没有彻底忘记，心底还有着对她的眷顾，这怎么不令她感动呢？

但梅妃要的绝不仅仅是几颗珍珠，她要的是皇上的心，要的是皇上对她的宠幸。于是，她提笔和泪写下了一首诗："柳叶双眉久不描，残妆和泪污红绡。长门自是无梳洗，何必珍珠慰寂寥？"梅妃在这首诗里把她想念皇上，寂寞深宫难度日的心情描述得淋漓尽致。诗的最后说，如果你不召我，何必用珍珠来安慰我呢？诗写好后，梅妃央求高力士转交给皇上。

高力士本不想接，但当他看着梅妃那容颜憔悴的样子时，于心不忍，就伸手接了。他心想，这又何苦呢？当初给你机会，你不好好把握，现在，皇上已觅得杨贵妃，你又来争宠，我看成功的可能性不是很大。

当高力士把梅妃写的诗交给唐玄宗时，唐玄宗拿在手上，翻来覆去地读了好几遍，然后，他把诗放在一边，向高力士询问起梅妃来。

高力士看到皇上被梅妃诗中的真情打动，趁机向唐玄宗传达了梅妃对他的殷殷问候之意，并说梅妃每天在上阳东宫以泪洗面，天天盼着皇上能临幸她。说到这里，高力士灵机一动，说梅妃天天都画皇上的画像。

"噢，她不是喜欢画梅的吗，怎么画起朕的画像来了？"

第三章　倾国倾城，人生苦短醉光阴

121

"是这样的，梅妃说，她天天都想见皇上，但每每不能如愿，就把心中的想念借丹青描绘在画纸上，也算减轻心中的一分相思。"

"是这样吗？"

"奴才不敢胡说，皇上去看了就知道了。"高力士想，梅妃画皇上像是有的，但是不是天天画就不知道了，想来皇上也不会问起。

听了高力士的话，唐玄宗的心被打动了。唐玄宗虽贵为天子，但他却是皇帝中少见的多情种子。不错，梅妃最终没有得到他的宠爱，但作为一个多情皇帝，他对曾寄托过他真诚感情的人，心中都存有一份怀念。当过去曾爱过的人再来企求他的感情时，那扇已经尘封的情感之门，不知不觉间又被打开了。于是，他让高力士安排一下，他要与梅妃见一面。

梅妃侍寝，惹怒贵妃

为什么唐玄宗要见一个妃子，还特意嘱托高力士安排呢？因为这中间牵扯到了杨贵妃。

现在唐玄宗与杨玉环是夜夜欢娱，日日笙歌，天天形影不离，如果唐玄宗突然哪天晚上不陪着杨玉环，难免引起她的怀疑。这倒不是怕她，哪有做皇帝的会怕一个妃子的？这正是唐玄宗太宠爱杨玉环的表现。

高力士自然明白唐玄宗的这种心情，不待皇上细说，便已经知道如何安排了。他首先把皇上的这番心意传达给梅妃，好让她有所准备。

梅妃听了高力士的话，心中百感交集，以致不能自持，只等着皇上召幸的这一天。她没有等太久，当高力士对她说，今晚皇上将临幸她时，她的泪水竟不觉地流了下来。

这天将到掌灯时分，高力士对杨玉环说，皇上今夜有紧急国家大事要处理，晚了就安寝于翠仙楼，不能与她共寝了，让她一个人安睡，不用等皇上了。随即高力士又赶赴上阳东宫，对梅妃说，皇上今夜将在翠仙楼临幸她，让她快做准备，一等天黑就来传她。

当夜幕垂下，高力士来到上阳东宫时，看到梅妃竟还没梳洗打扮好，不禁心中着急，不知她是何用意。其实不是梅妃不想打扮，而是她内心太过激动，简直不知道如何打扮才好。她从下午开始就在为如何着妆而忙碌，一会儿把这件衣服拿出来试试，一会儿把那件衣服穿上比比，一会儿想梳个堕马髻，一会儿想梳个高髻，越想打扮得美丽，越不知如何打扮才好，直到高力士来，她都没有最后装扮好自己。最后，她终于选定一件翠绿色的裙子，问高力士，皇上看了会不会满意。高力士看看时间已经不早，哪还有心思顾及这些小节，胡乱应到皇上就喜欢绿色，梅妃这才放下心来。

于是，梅妃跟着高力士一路向翠仙楼而去。此时，夜色已浓，高力士却并不掌灯，仅靠星光引路。梅妃不禁问道："阿翁，为何不掌灯而行？"

高力士答道："掌灯恐惊旁人，多有不便。"

梅妃还准备问恐惊何人，但见高力士不愿多谈，就不再多问，低着头细看脚下的路，碎步向前走去。

此时的梅妃内心激荡，非言辞所能表达。她走在透着模糊微光的宫中小径上，想到自己的人生轨迹就如这条小路，虽然黯淡，但总算透出一点希望，或明或暗地照亮了前途，不再是漆黑一片。此一去，或许就是自己的命运彻底改变的前奏。她想到，如果自己的命运改变了，能再回复到以前尊荣的地位，一定不再耍小性子只想着自己了，一定要把皇上侍候得好好的，以巩固她的地位，让皇上一时三刻都离不开自己。同时，她还要好好报答眼前的高力士，要不是他，自己永远没有出头之日。

就在她这样想着时，已到了翠仙楼前。高力士揭帘让梅妃进入，他在外侍候。

再见皇上的面，梅妃几疑在梦中。她未语泪先流，一头扑在唐玄宗的怀抱中，久久不愿抬起头来。唐玄宗也把梅妃紧紧抱着，梅妃的一切举动都表露出对他的无限依恋和这些时日来对他的想念，让他又是感动又是伤感。

良久，梅妃才把头从皇上的怀抱中抬起来，脸带泪痕地叫了一声"皇上"。

这是真情的流露，这是真心的呼唤，这是对过去所作所为的自责。听到这声呼唤，那些过去的情义也在唐玄宗心底复苏了，他情不自禁地把梅妃抱住了，说："梅妃，这些日子，你过得好吗？"

梅妃的眼泪几乎又要流下来，她低咽地说："我很好，有劳皇上挂念。"

"这些日子，我太过繁忙，没有召见你，你不怪我吧？"这当然是假话，但唐玄宗除了这样说，又能怎样说呢？

"我不怪皇上，我只怪自己，怪自己没能更好地侍候好皇上。"

"听力士说，你在上阳东宫，天天都要画一幅朕的画像，你都是如何画的呀？"

听唐玄宗这样一说，梅妃想，我画皇上的像借以度日消磨时间，这事是有的，但也不至于天天画啊。但她是个聪明人，听皇上这么说，知道高力士在皇上面前把她夸大了。"妾妃天天想念皇上不得，只好靠画像以解心中的思念。开初尚可随意画出，但时间久了，不免笔滞，妾妃就多想以前与皇上在一起时，皇上对妾妃的百般好处。这样一想，妾妃就感到皇上就像站在面前一样，呼吸可闻，音容笑貌无不可辨。此时，笔顺心意，往往一气呵成，立就一画，每日如此，从不间断。因此，虽然妾妃很久没有见到皇上，但在心里，妾妃天天都是和皇上见面的。"

这一段话，比什么都能打动皇上的心。他想到自己因为被梅妃在众王面前扫了脸面，从而对她冷落，想不到她竟对自己如此痴心挂念，也算难能可贵了。

这一夜，两人絮絮叨叨，互道别来之情。梅妃既有意奉承皇上，再不像以前只顾自己的性情行事，她拿出浑身解数，对皇上加倍侍候。

唐玄宗开始听了高力士的话，心中只是被梅妃的一片痴情所感动，只想例行召幸她一下就完了。但见她玉颜不改，性情已经有所改变，再加上听了她一番半真半假的话，一时心醉神迷，竟不能割舍。

久别胜新婚的唐玄宗与梅妃重温旧梦，互诉衷肠，度过了一个销魂之夜。

就在唐玄宗与梅妃沉浸在温柔乡里，重续前情时，杨玉环却辗转反侧，夜不能寐。这是为什么呢？难道她离开唐玄宗一夜就不行了？不是的，原来梅妃与皇上偷偷幽会的事她已知道了。

梅妃与唐玄宗重温旧梦的事做得如此隐秘，又是高力士一手操办，如何会让杨玉环得知呢？难道是高力士去禀报的不成？高力士才不会做这种对不起皇上的事呢，再说，他又为什么要搬起石头砸自己的脚呢？这完全是玉琪才人从中捣的鬼。

玉琪才人本姓李，她原本是一个小官吏的女儿，靠有几分才貌被选进宫来。没入宫时，她自以为生得美貌，天下无双，谁也不被她放在眼里。进宫后，她看到比她漂亮的女子大有人在，她淹没在众多美女中一点也不出色。即使如此，她靠着多方钻营，竟然得到过皇上的几次临幸。由于皇上已经年老，自然也没有留下一子半女，她只能被封为才人。自此后，她就再也没有得到晋封。本来，后宫像她这样的女子有成千上万，谁也没有当回事，像她这样能封为才人，手下使着两个宫女就已经是不错的了。哪知李才人是个嫉妒心特别重的女人，她把自己没有得到皇上进一步宠幸归罪于那些得到皇上宠爱的女人，先是武惠妃，再是梅妃，后是杨玉环。皇上每宠爱一个女人，她就在心里每天都要对那个女人诅咒上千遍，天天盼着她最好得病死去。武惠妃去世后，她比谁都快活，认为那是她每天对她诅咒的结果。等到梅妃入宫后，她又诅咒起她来，直到梅妃失宠。这五年来，她又把诅咒的矛头对准了杨贵妃。就这样，她一天天活在锥心的嫉妒里，脾气也出奇得坏。她没有一个知心的朋友，倒霉的是侍候她的两个宫女，李才人把因嫉妒产生的怨气全撒在了她们的头上。

虽然没有一个人愿意与她做朋友，但她就像一只小老鼠，日夜睁着一双警惕的小眼睛注视着宫廷中的一切，所以说，对宫廷里的事，没有一个人比她更清楚的了。自然，今夜梅妃偷偷与皇上幽会的事都被她看在眼里。

女人多多少少都有一点嫉妒心，这是情理之中的，但李才人是个例外，她是那种宁可让嫉妒把自己毁掉也不愿从心里铲除的女人。这样的人见不得别人有一点比她好的地方，对自己得不到的东西，她宁可毁掉也不让别人得到。看到梅妃将再次得到皇上的宠爱，她在卧室内坐卧不宁，痛恨全世界都对不起她，恨不能一把火把整个皇宫都烧掉。徘徊之中，她突然想到一条阻止梅妃再次讨好皇上的计策，那就是去向杨贵妃告密。

嫉妒的人既愚蠢又聪明，愚蠢的是她愿意生活在嫉妒的阴影中，做些吃力不讨好的事；聪明的是她往往比别人多长了一点心眼，能发现别人忽略的东西。比如，李才人看到梅妃黑夜里跟着高力士向翠仙楼去，黑灯瞎火却不掌灯，她凭着女人的直觉，觉得其中有戏，其中一定隐藏着不可告人的事情，那会是什么呢？

李才人想到皇上五年来，几乎每夜都是与杨贵妃宿于正宫，再也没有召幸过哪位妃子。而梅妃居住于上阳东宫，要是皇上真正有意召幸她的话，可以到上阳东宫去，也可以到别处寝宫，为什么偏偏要到那么偏僻的翠仙楼呢？去了也就去了，为什么弄得这般神秘呢，莫非想瞒着什么人不成？

这样一想，李才人才终于明白，皇上召幸梅妃是背着杨贵妃的，他不想让杨贵妃知道。明白了这点，李才人很高兴，她虽然不明白皇上召幸一个妃子为什么要背着杨贵妃，但她知道其中一定有文章可做。

想不明白的李才人决定把这一情况告诉杨贵妃。其实她这样做，对她一点好处都没有，但一个嫉妒心特重的人，是不能看到别人比她过得更好的。

虽然已是深夜，李才人还是大着胆子带着侍候她的宫女向杨贵妃的寝宫走去。嫉妒心让她不愿等到天亮，也许她知道，这个消息越早让杨贵妃知道，越会有热闹可看。她这样做，简直是在拿自己的性命开玩笑，不要说半夜去打扰贵妃安寝有可能被治罪，就是深夜在宫中闲逛也是不可以的。但对一个妒火中烧的人来说，凶险又算得了什么呢？

李才人自然不敢掌灯而行，她在微弱的星光下就像一只小蜥蜴，神不知鬼不觉地滑向了杨玉环的寝宫，一路上竟然没有遇到值勤的卫兵。当她来到杨玉环寝宫外时，才遇到在宫外值勤的宫女。她对她们说，她想向贵妃禀报一件事。

宫女进去向贵妃禀报，征得杨玉环同意后让李才人进入宫内。

今晚凑巧的是杨玉环也还没有睡下，没有唐玄宗陪伴在旁，她竟难以入睡。她一会儿翻翻诗集，一会儿托腮凝思，心想当皇上真是辛苦，夜深了还要处理政事。就在这时，宫女进来说李才人有事要禀告。

杨玉环并不认识什么李才人，后宫有这么多嫔妃，她记住的只有地位比较高的几个。不过，她向来对嫔妃们有好脾气，所以接见了李才人，不知李才人有什么事要向自己说。

李才人小心翼翼地进来，还未开口脸上已经堆满了巴结的笑容。对杨玉环，她平日在心里不知道咒骂过多少次，不过见了杨玉环的面，她又比任何一个人都卑躬屈膝。李才人屈了屈身说："李才人给贵妃行礼。"

杨玉环看了李才人的面容，隐约有些面熟，她一把将李才人拉起，问她有什么事要对自己说。

李才人说："我哪有什么事要禀告，心里想找贵妃谈谈话，只是这样编的一个借口罢了。"

杨玉环听了，也只当李才人是来随便聊天的，正好皇上不在，她正感寂寞，便把李才人拉到床上坐下。

她们东拉西扯了一会儿，李才人嘴里说个不停，心里却在想如何把话题扯到皇上与梅妃的身上去。正在此时，她听到杨贵妃说："今晚你来得正好，皇上夜里要处理政事，夜宿翠仙楼，不能来了，我正一个人无聊着呢，你来陪我讲讲话也好。唉，皇上年事已高，这么晚了，还要为国家大事操心。"

"噢，是这样，怪不得刚才我看到高力士向翠仙楼走去呢。我当时还纳闷，翠仙楼地处偏僻，平日高将军很少去的，怎么晚上了还到那里去呢？"

"他是去侍候皇上的，这个力士，侍候皇上都上瘾了。"杨玉环说到这里不禁咯咯地笑了起来，因为她想到一件令她不好意思的事来。

原来杨玉环最初入宫时，夜里与皇上颠鸾倒凤，行鱼水之欢，当第二天醒来时，竟发现在她的正殿之外，还摆了一张小床。她不解地问皇上，这张小床是干什么用的。皇上对她说，这张小床是高力士睡的。原来高力士为了随时随地侍候皇上，夜里舍不得离开半步。他既不回家，也不回宫中他的寝室，只在皇上就寝的宫外安放一张小床，保护皇上。杨玉环听皇上这样一说，不禁满腮绯红，她想，自己夜里与皇上的一些放纵岂不全让高力士听在耳中了？这，这可太让她难为情了。但皇上并不以为然，他说，力士这样做也不是一天两天的了，自从他陪伴在自己身边就这样了，再说，他一个太监，让他听到了也没有什么。话是这样说，但自从知道有这么回事后，杨玉环每次与皇上行云布雨时，免不了心中别扭。她曾让皇上把高力士撵走，但皇上说："力士在侧，我寝则安。"

李才人见时机已到，就说："可是我看见高将军身后还跟了一人，是个女的。"

"什么人？"

"他们没有掌灯，我没有看得太清楚，好像是梅妃。"

"梅妃？哪个梅妃？"

"贵妃，你还不知道梅妃这个人吧。她可是在你前面进宫的，曾靠着她的狐媚得到过皇上的欢心，后来不知怎么得罪了皇上，迁居在上阳东宫。自从你进宫后，大家都看到你贤惠温和，待人亲切，上上下下无不对你交口称赞，但只有那个梅妃对你冷言冷语。她说你的话，啊呀，我都说不出口。"

"她都说我什么了？"

"她说你仗着三分姿色，一味地狐媚皇上，将皇上一人独占，让后宫别的嫔妃都没有了被临幸的机会。她还对你的身材评三评四，挑剔说你胖，皇上宠爱你，真是看走了眼。啊呀，还有更难听的，我都说不出口了。"

这些话并不是梅妃所说，而是李才人每天在心里念叨无数遍的，因此，此时讲出，顺口就淌了出来。

听到这话，杨玉环气得脸色通红，呼吸渐粗，胸脯一起一伏，但她强压着怒火，问道："这个贱人还说我什么了？"

"她，她还说……我可不敢说。"

"你快快讲来。"

看把杨贵妃的火被激得差不多了，李才人这才说："梅妃还说贵妃你以前是寿王之妃,现在又侍候皇上,一点礼义廉耻都没有。"

"她真是这么说的吗?"

"禀告贵妃,我不敢造谣生事,这确实是梅妃说的,贵妃若不信可以问问别人,听到这话的不止我一个人。"

"气死我了。这个贱人,我一没惹着她,二没碰着她,她竟没来由地暗地里诽谤我,瞧我不好好治治她。"

杨玉环被李才人的这番话气得手脚发抖,再也无心安坐下去,她一会儿站起来急促地在屋内走来走去,一会儿坐在床上呼呼直喘粗气。李才人见目的已经达到,就不再多坐,辞别贵妃回到自己的寝室,一路上都在偷偷地诡笑。

这个李才人真是好大的胆子,杨贵妃只要在皇上面前把此话一讲,皇上再去诘问梅妃,三方一对证,一下就会查清是李才人在造谣。对这种在宫廷之中拨弄是非的嫔妃,无论哪个王朝都是痛恨的,轻则废黜出宫,重则处死。但嫉妒心太重的李才人,为了毁灭对手,宣泄心中的一点妒火,什么都不顾忌了。

抗命出宫,心生嫉妒

李才人走后,杨玉环再没有心思睡觉了,她被李才人的那番话气得义愤填膺。那番话像针一样刺中了杨玉环的要害。旁人说她胖，说她狐媚，她心中倒也还好受，唯独对说她先事寿王，再侍皇上，一点礼义廉耻都没有的话，心中有说不出的恼怒。

原来在她心中对这方面就敏感，自己也觉得在礼仪方面有所欠缺，不然，为什么怕见父亲呢？但自己觉得是一回事，别人说出来又是另一回事。她对梅妃这样公开讥讽她，感到气愤难咽。

要是以往，杨玉环早已把这番话讲给唐玄宗听，让皇上狠狠地惩治梅妃了，但今天不行，今天皇上正和梅妃在一起。杨玉环想到这里，突然有点明白梅妃为什么会这样放肆大胆了，原来梅妃是仗着有皇上在背后为她撑腰。

一想到皇上此时正和那个贱人在翠仙楼卿卿我我，风流正欢，杨玉环心里就像有一只虫子在咬噬着，她变得烦躁不宁，郁闷不堪。其实杨玉环自己不明白，这也是嫉妒心在作祟。

与李才人的嫉妒不同的是，杨玉环的嫉妒属于爱情的嫉妒，就是说是爱情排他性的一种反应。这些年来，她与唐玄宗建立了真正的爱情，彼此互不分离，心中除了对方再不多想。现在，唐玄宗突然抛下她去与另一个女人行欢，虽然他是皇上，有这个特权，但对于爱情来说，他是个背叛者，是个不忠者，这个行为太让杨玉环伤心了。

不知不觉已是三更时分，单调的打更声在寂静的夜里回荡，在杨玉环听来，平添几分凄清。她突然有种被世人抛弃的感觉，孤单与伤悲让她想到寿王，如果她还是寿王妃的话，寿王是绝不会对她这样的，她的泪水在不知不觉间流了下来。她也试图用理智来说服自己：皇上拥有三宫六院，偶然临幸一下别的嫔妃也属正常，但她在感情上却始终不能接受。

杨玉环这样想着，几乎一夜都没合眼，只在天快亮时才稍稍打了一个盹，身上的衣服也不曾脱下。这一夜，是那样难挨，那样漫长，是她入宫以来最难度过的一晚，而李才人这夜却从睡梦中笑醒了好几次。

天亮了，侍候她的宫女进来看到杨贵妃散乱的头发和红肿的双眼，吃了一惊，但也不敢相问，只是默默地在一旁做事。杨玉环问道："皇上回来了吗？"

宫女摇了摇头。杨玉环心中那股压了一夜的妒火突然不可抑制地喷发而出，她大叫道："他还和那个贱人在一起吗？"

宫女睁着一双惊恐的眼睛，只是摇头，表示对什么都不知道。杨玉环猛然站起身来，也不梳理打扮，对宫女说："到翠仙楼去！"

这真是冲动的作为。杨玉环气冲冲地向翠仙楼赶去，满脸怒气，疾步如飞。她像失去了理智一般，全然不顾此举会给她带来什么后果。她到翠仙楼干什么呢？见到皇上她又能说些什么呢？难道她有权力命令皇上做什么吗？但此时杨玉环心里已经没有这些顾忌了。

这是一个再普通不过的早晨，太阳如往常一样照着大地。但就在这个早晨，许多宫女看到杨贵妃一改平日温柔贤惠的模样，脸不洗、发不理，大步流星、目不斜视地向翠仙楼赶去。

杨玉环一路冲到翠仙楼。高力士刚刚起床，他一看到杨玉环急冲冲的样子，大吃一惊，知道不妙，连忙喊了一声："贵妃！"

杨玉环没有像往日一样对高力士笑脸相向，她只是用鼻子冷哼了一声，然后不停步地向内闯去。

高力士一看这阵势，赶忙高声喊道："贵妃驾到。"意在通知皇上。

经过一夜缱绻，正拥着梅妃熟睡的唐玄宗，一听到"贵妃驾到"这四个字，被惊吓得从床上跳了起来。他连忙抓起一件衣服披在身上，看看又放下了，原来他匆忙中拿到了梅妃的衣服。披好衣服后，他看到醒来的梅妃正睁着一双疑惑不解的大眼睛看着他，唐玄宗连忙说："贵妃来了。"

"贵妃？贵妃来了就来了呗，皇上为何如此着急？"

"啊呀，你不知道。算了，朕现在也不给你解释了。你，你可怎么办呢？"唐玄宗急得直跺脚，要是让杨玉环看到了梅妃，可让他如何解释呢？眼见着杨玉环就要进屋，要从正门出去已经来不及。哎，对了，翠仙楼不是有夹幕间吗？可以让梅妃先到那里躲一躲。

想到这里，不及多说，也顾不得让梅妃穿衣服了，唐玄宗立即让小太监用被子把梅妃一裹，先抱到夹幕间躲避起来再说。夹幕间本来是用来防范刺客，万不得已时躲避危险的，想不到此时派上了用场。待草草弄妥后，唐玄宗又倒头装睡起来。

说时迟，那时快，杨玉环三步并作两步地赶了进来。进到屋里，杨玉环首先向床上看去，但她并没发现梅妃，她看到偌大一张床上只有皇上一人。虽然床上只有皇上一人，但被褥凌乱，两枕并放，床前也并排放着一男一女两双鞋子。

唐玄宗装作刚刚从梦中醒来的样子，伸了个懒腰问道："玉环，这么早，有事吗？"

他没有听到杨玉环的回答，抬起头来，见杨玉环气势汹汹，眼睛瞧着床前，顺着她的目光望去，就看到了床前的那双女式鞋子。他不禁脸上一红，深怪自己一时疏忽，匆忙中没有顾及这个。但杨玉环不说，他也不点破。

"昨晚，力士禀告说，皇上要连夜处理国政，不知是否属实？"良久，杨玉环待气顺了顺，才说出这样一句话来。

"啊，是的，昨晚，朕批改各地批文到很晚。"

到这种地步，杨玉环见皇上还在对她装痴卖傻，隐瞒实情，不禁怒气勃发，她大声说："可是我听说，昨晚皇上把梅妃喊来侍寝，可有此事？"

"断无此事，朕昨晚一直一人独自安寝，哪来的嫔妃侍寝？再说了，梅妃已经被朕迁居上阳东宫，怎会来到翠仙楼呢？"

"如果陛下一人安寝，房中何来此物？"说着，杨玉环一指床前的女鞋。

唐玄宗讪然答不出话来。

看了周遭这番情景，杨玉环断定梅妃一定没有出门，肯定被皇上藏在屋内何处。于是，她说："太阳已经这么高了，陛下还不上朝，众大臣一定都说是我在狐媚圣上，贱妃可担当不了这个罪名。陛下这就可以去见朝臣，贱妃就在此处等候皇上散朝。"

"这怎么可以呢？如果我听了她的话，一走出此屋，她一搜查，事情还不全都暴露了？"唐玄宗心想万万不可。于是，他说："今天身上不舒服，不能上朝。"

"我看不是身上有疾不能上朝，而是心中有事，不能离开此地吧。"杨玉环讥讽道。

听了这句话，唐玄宗心中不禁动了气，被杨玉环一再用言语挤对，他觉得颜面有损，于是呵斥道："放肆，成何体统！"

杨玉环本来心中有气，被皇上这么一呵斥，更加觉得委屈，气直向脑门冲去。她不管三七二十一了，喊道："我不成体统？皇上沉迷女色，荒误国政，这又是成何体统？"

唐玄宗听了杨玉环的话后，真正动了气，这么多年来，还从来没有人敢在他面前这么讲过话。他哼了一声，沉声道："岂有此理，从来没有一个妃子敢在我面前这样讲话。"

"怎么，我讲也讲了，你治我罪啊？"杨玉环一点也没看出皇上已经气得身子打战，脸色阴沉得可怕。或者说她看到了，但一点没在乎。

唐玄宗一把将手边茶几上的一杯茶拂落在地，大吼一声："反了！"

茶杯落地，发出一声脆响，但这声脆响没有把杨玉环从怒火中震醒，她依然没有意识到，她面对的是皇上，是世间有着至高权力的人。她还以为自己面对的是一个爱她而被她所爱的人，她对自己爱着的人发发火是理所当然的。于是，在皇上的吼声里，她不但不退缩和缄默，反而很是气盛地说："你有气不要毁坏东西，你要是认为我有罪，治我罪好了。"

听到这句话，唐玄宗几乎要气疯了，他再也按捺不住自己，大喊道："好，我就治你的罪。来人啊，贵妃忤旨，立即放还本家！"

两名内侍马上从门外跨进屋来，他们虽听到了皇上的话，但仍愕然地望着皇上。

"立即放还本家！"唐玄宗又一次大喊道。

内侍这次是真正听清了皇上的话，他们不敢怠慢，依照体制说："贵妃谢恩。"

杨玉环根本不听内侍那一套，心想："他都将我放还本家了，我还对他谢什么恩？他无情，我无义，走就走。"她抬腿向门外走去。

唐玄宗与杨玉环两人都在气头上，谁也没有意识到此举的含义。把贵妃放还本家，就是遣送回娘家，从某一方面说就是把她休了，用现在话说，就是离婚。

一切都无可挽回，杨玉环满脸怒气地出了翠仙楼。内侍已经在院子中备好了车子，杨玉环也不换衣，一步就跨进车子，甚至嘴里还催促御者快走。

一直站在外面听了全过程的高力士，知道此时说什么都晚了，他没有想到事情会搞到这个地步。如果讲起来，他也是有责任的，要不是他替梅妃传信，再次让皇上临幸她，哪会有这些事？但他也是看梅妃可怜，于心不忍才这样做的。再说，杨贵妃也太不像话了，她竟敢以那样的口气对皇上说话。在听的过程中，他几次都被她的话所震吓。

内侍也被这件事搞蒙了，一时间，后宫上下都知道了这件事。将贵妃放还本家？这是从未有过的。妃子犯了错，轻则打入冷宫，重则逼令自杀，哪还有放还本家之说？放还本家后，她怎么办呢？是再婚还是空守？搞不懂。

再说了，杨贵妃的本家是哪里？在京城她的亲戚有三个姐姐、都尉驸马杨鉴、一个堂弟杨晒，还有一个从祖兄杨钊，哪个算是她的本家呢？按亲疏关系来说，三个姐姐是她的本家，但哪有女的是主家的呢？看样子还是要送到都尉驸马杨鉴府上。

车子启动了，在一片寂静中行驶。宫女们都默默地看着它，仿佛又看到了一个妃子凄苦的命运。她们按以往的经验，知道杨贵妃此一去是再也不会入宫了，不管她先前多么受皇上宠爱，以后她的命运还不如一个普通的宫女。

车子在内侍的驾驭下，向都尉驸马杨鉴的府邸驶去。

杨玉环离去后，唐玄宗仍然气冲冲地坐在翠仙楼里。他被杨玉环给气昏了，呼呼地喘着气，虽是清晨，身上却有一层薄汗。他想都是自己把她给惯坏了，才弄得这样不可收拾。

气恼中，唐玄宗还没有忘记被他藏入夹幕间的梅妃。他让侍立在旁的小太监赶忙把梅妃从夹幕间抱出来，可小太监却说梅妃已经被他从夹幕间的暗道送走了。小太监本是好意，他看到皇上与贵妃吵得不可开交，就暗作主张把梅妃偷偷地转移了。哪里想到此时唐玄宗正在气头上，他满肚子的气正无处发泄，一听小太监不待他的吩咐，私自就把梅妃送走了，不禁大怒。他大喊道："来人哪，把这个奴才拉出去，乱杖打死。"

几个内侍闻言纷纷拥进来，把小太监拖了出去，可怜小太监临死还不明白自己为什么会死，他一路高喊"冤枉"，最后命归黄泉。

这也是上天的安排。如果小太监没有把梅妃从暗道送走，梅妃此时奉召，乘着皇上心中烦躁，对杨玉环极度不满的时候，大献殷勤，岂不极易得到皇上的欢心？那么杨玉环是真的要被逐出宫廷了，历史恐怕就要被改写了。

杨玉环被唐玄宗遣送回娘家后，怒气并未见消解。在此事件中，她一直认为自己是没有错的，是皇上对不起她在先，她发火在后。

哥哥杨鉴和承荣郡主在得知妹妹杨玉环忤旨被皇上放还本家的消息后，心中大吃一惊，心想，听说妹妹一直都得到皇上宠爱，怎么突然放被放还本家了呢？这可是一件大事，弄不好，他们都可能被牵连，不仅官做不了，就是命能不能保住，也很难说。他们诚惶诚恐地接待了随之而来的内侍，准备从内侍嘴里打听一点消息，但内侍也不明白。

这边，承荣郡主在内室接待了杨玉环。杨玉环虽说满肚子的气，但这气只是对着皇上的，在别人面前，她却不想表露。这其实是一种爱情心理，就是不愿把属于两人的秘密公开给第三者知道，包括吵嘴和怄气。她看到嫂子承荣郡主进来，竟笑着说："嫂子，你看我又可以回家了。"

承荣郡主苦笑了一下，心想，恐怕这个家不是那么好回的，她直截了当地问道："玉环，到底怎么回事？怎么被皇上放还了？"

"怎么回事？我要知道就好了。皇上没来由地发脾气，就把我放还了。放还就放还了，我还能赖在宫里不出来？"杨玉环用轻松的口吻说。

这是她在强词夺理，当初是她跑到翠仙楼大吵大闹一通，才惹得皇上发脾气把她放还的，现在她倒打一耙，反说皇上在乱发脾气。

听了杨玉环的话，承荣郡主不再多问，但她知道皇上就算是胡乱发脾气，也是有原因的。她只有陪着杨玉环坐着，因为她不能以指责皇上的不是来宽慰杨玉环。

杨玉环被放还本家的消息，一时间传遍杨门，在京的杨氏诸人都听闻了这件事，他们惊惶恐惧，奔走密谈，无不惴惴不安。杨钊听了这件事后，心中更是吃惊不小。他想，自己能有今天，全靠了这位小堂妹。因为有这份椒房之亲，他才有现在的风光，不但身兼数职，并且仕途看好，还攀上了权相李林甫。人家愿意和他交往，也是看在贵妃的面子上，如果贵妃没了，他也就别指望在京城混了。想到这里，他快马赶到虢国夫人府上。说快马也就两步路，原来为了便于与虢国夫人来往，他就在虢国夫人的府宅边起了一座宅院，与虢国夫人紧密相连，两府间有便门相通，他时常进入虢国夫人府上，与她鬼混。

虢国夫人正准备去见杨玉环，她看到杨钊，说："你看玉环真是不懂事，怎么会得罪了皇上呢？"

杨钊问虢国夫人是否知道事情的前因后果，虢国夫人也不清楚，但她说："不管何种原因，能得罪皇上吗？玉环做事有时太没有分寸，我以前都说过她，这次还是出事了。"

杨钊作为一个男子，比她们想的都要多。他对虢国夫人说："事情已经发生了，多说也没有用，还是想想如何应付吧。"

"应付，怎么应付？皇上把玉环放还，就是说不要她了，还怎么应付？"

"不应付也要应付，我们都是靠着贵妃才有今天的，如果贵妃不再被皇上宠爱，我们都要被加罪，不要说荣华富贵，就连性命也保不住。"

听杨钊这么一说，虢国夫人也吓出了一身冷汗，知道杨钊绝不是在危言耸听。"那应该怎么办呢？"

"首先要弄明白事情的原委，看有没有弥补的可能。我们杨氏一门，前程和富贵全都维系于贵妃一人，一荣俱荣，一损俱损，大家一定要齐心协力，争取化险为夷，共渡难关。"

于是，两人并骑向杨鉴府上而去。到了驸马府，他们看到在京的杨氏族人基本上都到齐了，男的在外面商议如何应对这件突如其来的祸事，女眷则在内室安慰杨玉环。杨钊留在外面，虢国夫人进到内室。大家看到她进来，知道她与杨玉环关系不一般，都退了出来，让她陪杨玉环说说话。

待众人退出后，虢国夫人问道："玉环，到底是怎么回事？"

从早上到现在，已经有太多的人问她这个问题了，但杨玉环都没有回答，不仅没有回答，还以轻松的口气表示并不把它当一回事。众人看到她这种态度，心里干着急，还真的以为她不识好歹，不知道此事将会累及杨氏众人。

当三姐问她这个问题后，因为杨玉环与三姐的关系比较好，她就把其中的原委说了，在讲述的过程中，还夹带着对皇上的不满。直到现在，杨玉环都还认为是皇上对不住她，不是她对不住皇上。

听了杨玉环的话后，虢国夫人也为杨玉环的任性而担忧，她说："玉环，这就是你的不是了，皇上有三宫六院，偶尔临幸一下别的妃子完全是正常的，你为什么发那样大的火啊？"

"他要是临幸别的妃子倒还罢了，可他偏偏临幸那个梅妃。梅妃那个贱人，背地里不但嘲弄我胖，还讥讽我的身份，岂不叫人着恼？"

其实杨玉环这是在自欺欺人，她不承认她是出于爱情的嫉妒，要是皇上临幸别的妃子，她一样会闹得不可收拾。

待虢国夫人从内室出来后，她把事情的起因给大家说了。大家嘴上虽不说，但心里一致认为杨玉环做事鲁莽，不识大体。最后，还是杨钊首先镇静下来，想出一个对策。他说："这样看来，贵妃确实有错。如果让她上表认错，我想，皇上也许会原谅她的，说不定事情会另有转机。"

听他这样一说，众人心里又燃起一线希望，就催促虢国夫人快去劝说杨玉环，让她赶快自写一封上表书，向皇上认错道歉。

虢国夫人只好把这个意思向杨玉环说，想不到杨玉环竟不愿写，她说："上表书认错？我为什么要写？我又有什么错？我不写！"

虢国夫人只好劝慰道："玉环，你不要这么任性。你应该想到，在这件事里，你是有错的。你不为自己着想，也要为杨家人着想，须知，他们都可能因为你的原因而受到牵连。"

"这与他们又有什么相干？"杨玉环不解地问道。

听了杨玉环的话，要不是虢国夫人了解这位小妹，还真的以为她在装傻。但她知道杨玉环就是这样的人，对有些事天真得让人吃惊。于是，她耐心地说道："你想，杨家都因为你的尊荣而被封官，现在你被放还了，他们的官还能当下去吗？不仅当不下去，恐怕皇上一生气会加罪于他们的。"

虢国夫人把杨钊对她说的那番话原封不动地说给杨玉环听。

"怎么会这样？这是我和皇上之间的事，与他们并无关系啊。不，我不写。"

"你看这样行不行，我们写好了，以你的名义递上去。"虢国夫人见实在劝不动杨玉环，只好退而求其次。

"不，我不写，我也不让你们写。"

这就让虢国夫人为难了，也让大家为难了。杨家的人都聚在杨鉴府上，愁眉苦脸，等着宫中传出新的旨意，也许新的旨意传来的时候，就是他们大祸临头的时候。

经过一上午的折腾，此时的杨玉环又饿又累，加之昨夜几乎没睡觉，她的双眼沉重得就要抬不起来。但面对端到眼前的食物，她又一点胃口都没有，更让她绝望的是家人对她的态度。

早上，她被皇上放还归家，那是爱情对她的背叛。她那颗受到爱情伤害的心本指望到了家里，能得到亲情给她的一丝呵护与关怀，哪里想到，家里人关心的都是他们自己的命运，对她满腹的委屈一点也不关心，还指责她任性冒犯皇上，一点也不多为她想想，还没有等她那颗受伤害的心稍稍平复一些，竟逼着她上表认错。她又错在哪里？她又为何认错？亲情的背叛再一次伤害了她。她寒心了，觉得天地之大，竟没有她的容身之地。

她借口要休息，让别人都出了内室。当她们的身影刚在门口消失时，她的泪水不可遏制地夺眶而出。自从早上和皇上生气，被放还归家，直到现在，她一直都没流泪。不是她不想流泪，而是她在别人面前强挺着，表示自己对此事的不在意，这是她要强的天性在作祟，要按她的本意，她早就想大哭一场了。当她看了家人对她的态度后，她再也控制不住自己的情感，暗自哭泣起来。

泪水如小溪一般从她的脸上不断滚落，她把手巾都擦湿了，还是控制不住泪水的滑落。慢慢地，随着泪水的涌流，杨玉环才觉得心里好受了一些，郁闷随着泪水得到了释放，不知不觉间，困意袭上身来，她衣不解带地躺在床上睡着了。

睡梦中的杨玉环又回到了宫中，她在花丛间戏蝶摘花。宫中的牡丹开得还是那样艳丽，花朵映着她的粉面，她就是花丛中那最娇艳的一朵。她终于捉到一只粉蝶，用手捏着拿给皇上看，但皇上沉着脸并不理会她，而是一转身拂袖而去。她愣住了，不知道如何得罪了皇上，惹得皇上不高兴，她手捏着粉蝶，不知是放下还是继续拿着。就在她不知所措时，突然闯进来几个武士，他们手拿长戟，如狼似虎地把她夹着就走。她朝着皇上的背影大喊，但皇上连头也不回。

在喊声中，杨玉环被人摇醒。她睁开眼一看，虢国夫人就在她的身旁，她一把抱着三姐，放声大哭。

就在杨玉环无限伤心的时候，身处宫中的唐玄宗心里也不好受。他早上被杨玉环那样一闹，气急之下，说出"贵妃忤旨，放还归家"的话，实非他本意，但话说出后，又不可能收回。待杨玉环真的被送出宫后，他就像丢了魂似的，坐卧不宁。但为了维护君主的自尊，他还是强忍着说："嗯，没有她，我也一样生活。"

此时的高力士到哪里去了呢？看到皇上正满肚子气，他可不想去触这个霉头，早躲得远远的了。他不见皇上的面，并不代表他不关注事态的发展，他不停地派小太监把皇上的动静报告给他。

快到中午了，皇上还没有要用膳的意思，于是一个不知好歹的小太监跑上前去，跪请皇上用膳。

唐玄宗听了大怒，呵斥道："朕饿了自会叫你们摆膳，用得着你这样一再打扰吗？真是不知好歹的奴才，脑子也不知长到哪儿去了，看样子不打不开窍。拖下去，重责四十大板。"

这已经是第二个倒霉的太监了，下面还不知该谁倒霉呢。别的内侍都提心吊胆，战战兢兢，唯恐一不小心，自己的小命就玩完了。

下午，唐玄宗稍稍吃了一点点心后，为了表示他并不把贵妃出宫放在心上，还命令乐教坊表演了一出歌舞。但他这是在强颜欢笑，没有杨玉环在身边，他根本无心欣赏歌舞，还没有等表演完，就挥挥手，让她们退了下去。

到了晚上，唐玄宗也无心再召别的妃子来侍寝。他一人独卧寝殿，以手支头，神思恍惚。杨玉环在家人面前强要面子，不让内心痛苦的情感表露出来，而他，却要在宫女内侍面前控制情绪，强行摆出皇帝的威严。要是他真的不把贵妃出宫当回事，又为何动辄生怒，杀了一个太监，又重责了一个太监呢？杨玉环已经出宫，他完全可以放心大胆地再召梅妃或别的妃子来侍寝，但他没有，一点这方面的心思也没有。他觉得没有杨玉环在身边的日子，哪怕只有一天，他也过得寡然无味。

夜的黑幕完全落了下来，因为皇上不高兴，宫中没有任何喧哗，大家走路都小心翼翼，唯恐弄出声响。

唐玄宗仍然没有睡，他一会儿在室内徘徊，一会儿坐于床前。这在以前是没有过的，自武惠妃去世后，他从没有表现得像这样失魂落魄，他有点恨自己太过儿女情长了。于是他强迫自己不要再去想贵妃，但杨玉环的音容笑貌，一颦一笑，可爱娇羞、妩媚动人的模样就如挥之不去的影子。

独卧衾被的唐玄宗，此时更体会出没有杨玉环在身边的寂寞与孤独。想平日此时，二人相依相拥，谈不完的话，诉不完的情，而年轻顽皮的她，总能不断给他惊喜，让他身上迸发出活力与朝气。他们谈歌论舞，切磋各自对音乐的领悟与看法，互相交流对艺术的心得，最后达到灵与肉的结合，那是何等销魂。他由衷感谢上天赐给他这样一位既知他心意又美貌如仙的女人。

当唐玄宗一旦面对自己对杨玉环的感情时，他首先感到的竟也是委屈。他想："玉环，你难道不明白我对你的心意吗？你难道没有看出来，我与你之间，不是普通的皇帝与妃子间的关系吗？当初，你还是寿王妃时，我就为你心醉神迷，为你夜不能寐，想方设法要把你从寿王身边夺来。但我怕伤害到你，并没有用强，而是放下皇帝的尊严，一步一步地，慢慢去靠近你，用情感来俘虏你，用尽心机，终于把你弄到身边。自此后，我与你琴瑟合奏，彼此难分。想我堂堂一国之主，五年来竟只要一个女人相陪，这若传出去，只怕无人相信。是的，我宠你，爱你，有你一人在我身旁，已心足矣。在我眼里，你有着看不完的娇美，说不尽的风情，每天都能让我有惊喜的发现。我和你在一起时浑身充满活力，充满朝气，仿佛又回到盛年时期。除了你的美丽外，最吸引我的是你身上的那股气质，与众不同的高雅举止。一个女人再美丽又怎能把天下所有女子的美集于一身呢？须知，美本身就是千差万别的。

"但千不该，万不该，玉环，你不应该把我对你的这种宠爱当作权力，变得不可理喻，不讲道理。不错，我是临幸了梅妃，但须知，她是在你之前进宫的，我也曾宠爱过她。听了高力士的禀报，我感动于她对我的一片念念不忘之情，临幸她也算是对她的一种补偿。再说，我不想因为此事对你造成伤害，并没有弄得满宫皆知，而是小心谨慎地瞒着你和众人。我让高力士先对你说我要连夜处理国政，又让他黑灯瞎火地把梅妃带到偏僻的翠仙楼。我本想就一夜，一夜后，我就会回到你的身旁。我是皇上啊，临幸一个妃子竟像做贼一样，这传出去，是多么有损我的颜面啊。

"可是你连一夜也等不及，也不知从哪儿得知了此事，竟一大早就闯了进来，劈头盖脸地发了一通火。我自知理亏，本想大事化小，可你却不依不饶，气势汹汹，在内侍面前一点也不给我面子，直弄得我也发了火。那时，只要你稍微退后一步，我又何至于讲出把你放还的话来。那时，我也被气坏了，这么些年来，谁敢如你那样对我讲话？向来都是我对别人发脾气，今天向我发脾气，几十年来，你可算是第一人。

"这都是我这几年来对你太过宠爱的结果，不仅让你不遵从宫廷礼仪，就连起码的分寸也没有了。要是换了别人，我早让人拉出去杖毙了。我放还你归家，按理说，就是不要你了，那么，以后我与你就不会再有见面的机会了，你会怎么办呢？

"如果我不降罪于你，那你还年轻，肯定还会再嫁人，即便不嫁人，天长日久，也难免有情事。你会再找什么样的男子呢？啊，你也有可能再回到寿王身旁去。"

这样一想，唐玄宗心中像被蜂针刺了一下，隐隐作痛起来。他难以容忍杨玉环还会投入另一个男子的怀抱，哪怕只是想象也不行。

第三章 倾国倾城，人生苦短醉光阴

唐玄宗又后悔把杨玉环放还归家了，如果当时只是把她降罪留于宫中，那一切都还有余地，只要她认个错，他就会宽宥她，原谅她，一切都可弥补。但现在是把她放还归家，就是休了她，这可如何是好呢？

看到唐玄宗痛苦的样子，高力士建议皇上把贵妃平时用的东西送到杨鉴的住宅。唐玄宗当即决定送一些食品过去。等到器物、食品都送到了杨鉴宅后，高力士就奏请皇上把杨贵妃接回宫内。这正中唐玄宗的下怀，唐玄宗不好意思主动下诏接回杨贵妃，而高力士奏请，便顺势同意了。

为了掩人耳目，不让皇家糗事外泄，于当天夜晚，打开不常开的安兴坊禁门，由高力士用轻车接贵妃，从连接后宫的太华公主院宅而入。第二天一早，唐玄宗在内殿召见杨贵妃，龙颜大悦。贵妃敛衽下拜，涕泣谢罪。午后，唐玄宗即召梨园弟子，演出杂戏以娱贵妃。并召贵妃三姊一同进食宴乐，并皆封为一品夫人。

事隔4年之后，即天宝九年（750年）的二月，唐玄宗又一次把杨贵妃送回到了杨铦的家中，这次送归的理由是"忤旨"。那杨贵妃忤的是什么旨意呢？据《杨太真外传》记载，"天宝九年二月的一天，杨贵妃偷偷地吹了玄宗的大哥宁王的笛子，被疑与宁王有染"。原来这次是唐玄宗吃醋了！这次玄宗没有立即接回贵妃，而是让贵妃在家闭门思过。贵妃呢，在家闲适了几日坐不住了，想来这次玄宗是真生气了。于是托人给玄宗送去了一缕头发，说自己已经认识到了错误，痛哭流涕，愿再次侍奉玄宗左右。其实，这只是一个误会，玄宗早就想接回贵妃了，苦于没有台阶也想给她个教训。当看到贵妃信物，立刻就命人迎回了贵妃。

经过这两次被撵，唐玄宗和贵妃的感情更加好了！玄宗能够两次接回贵妃，说明他还是非常在意杨贵妃的，这就是真爱吧！因为爱，才在意，才会不舍！

第四章

祸起萧墙，人生处处有危机

由于杨贵妃得到重宠，她的兄弟均赠高官，甚至远房兄弟杨钊，也赐名国忠，身兼支部郎中等十余职，操纵朝政。朝廷间暗波涌动，人人自危，杨贵妃则在这样一个钩心斗角的皇宫中生活着。

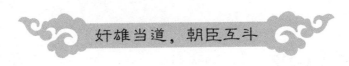

奸雄当道，朝臣互斗

后宫风波才定，大臣间争斗又起。

原来，一直与太子李亨为敌的李林甫时刻寻找机会想扳倒他。

尽管太子小心谨慎，但他能管得住他的亲戚吗？

他的那些正妃、侧妃、良娣的娘家人，他们难道也会小心翼翼吗？

这不，越是怕事，事就越来，这次事情出在太子良娣的娘家人身上。

太子的良娣是赞善大夫杜有邻的女儿，杜良娣的姐姐嫁给左骁卫兵曹柳绩为妻。柳绩生性疏狂，不拘小节，喜爱结交豪杰俊士，这就不免与一些不法之徒来往。柳绩与淄川太守裴敦相交，关系不一般。裴敦又把柳绩推荐给北海太守李邕认识，于是李邕和柳绩相来往，友情日增。

柳绩与妻子关系不好，继而与妻子的娘家关系也交恶。他想陷害妻子娘家的人，就在外面造谣说，他的岳丈杜有邻私自藏有图谶方面的书，并且常常在家暗使巫术，想让太子早点登上王位，好让自己的女儿当上皇后，言语中还有一些对皇上十分不敬的话。

柳绩散播这些谣言的本意是想引起别人的注意，最好引起监察御史的注意，那样，他们就会去查杜有邻是否在搞阴谋诡计。只要御史留意上了杜有邻，那就有杜有邻的好看了，没事也让他脱层皮。

虽然柳绩是在造谣，但似乎也并不全是无中生有，可能杜有邻确实搞过一些巫术活动。

因为柳绩的交际面广，他的话慢慢就被许多人知道了，当然也就传进了李林甫的耳朵里。

老谋深算的李林甫立刻从中嗅出了对他有用的东西，他看到这些谣言牵连到了太子，就想，如何用这些谣言发动对太子的再一次打击。

于是，李林甫就让京兆士曹吉温去查这件事。李林甫的心事，吉温早就揣摩透了，对于李林甫让他查访此案的目的，他心里也是一清二楚的。

果然没过几天，吉温就把这件事情搞清楚了，首谋是柳绩无疑，其他一些人都有暗中传播的罪名，也构成了诽谤皇帝罪。至于杜有邻是否私藏图谶，经查也确实有那么回事。

听了吉温的汇报，李林甫暗暗冷笑，他想，我才不管你什么翁婿间的矛盾呢，既然你们都跟太子沾亲带故，那就休怪我无情了，严惩你们就是间接打击太子。太子妃的娘家有不敬言辞，从那方面说，太子也脱不了关系。

于是，杜有邻、柳绩等全部被逮捕入狱，一番审查后，全部杖杀，尸体堆在大理寺，不准收尸，妻子和儿子全部流放岭南。

柳勣是死有余辜，本想陷害别人，最后搬起石头砸了自己的脚，而杜有邻受的却是池鱼之灾。

事情并没有到此为止，李林甫又让监察御史罗希奭到北海把太守李邕逮来处死。李邕是当时名士，才艺出众。当时卢藏用曾劝告他说："你的才能就像干将、镆铘两把名剑一样，无人可以与你争锋，但你太过刚强，应该注意收敛锋芒，这样才能躲避灾难。"

但李邕听不进去，依然恃才傲物，结果落得如此下场。

郲郡太守王琚曾经因受贿被贬为江华司马，他素来豪华奢侈，与李邕交好，因为被贬外地太久，不能回到京师，心中充满怨言，认为他不能回到京师全是权相李林甫从中弄鬼，私下与友人谈起，对李林甫多有不敬，李林甫趁机也把他一道除去了。

此事件波及面广，弄得朝臣人人自危，连上朝时腿都打战。他们心里惶惧，不知道自己早上出门，晚上是不是还能回来。

太子见杜良娣的娘家出了这样的事，再也坐不住了。为了免遭非议，也为了表明自己的清白，他把杜良娣驱逐出东宫，贬为庶人。庶人，就是平民百姓。想想太子妃木杜良娣，本是官宦小姐，选入东宫，如果一切顺利的话，太子登位，她被封为皇妃当在情理之中，可权力争斗让她的命运发生了改变，一下从天上掉到了地上。但像她这种命运陡变的人，人们早就见惯不怪了。

一不做，二不休，为了彻底铲除太子一伙的羽翼，李林甫对那些已经被外贬的官员也不放过。

他让监察御史罗希奭一路前去，以考查他们的政绩名声为由，把那些流贬的官员全部清除干净。

罗希适是李林甫的女婿张博济的堂外舅，靠着这不远不近的亲属关系，也走红了。按辈分算，他低吉温一辈，但他们却是一对好搭档，吉温是酷吏，他比吉温有过之而无不及，青出于蓝而胜于蓝。

名为考查，实为寻找清除那些官员的借口。罗希适一路南下，所到之处，无有生者。自青州到岭南，被罗希适杀死的迁谪官员，不计其数。当他的排马牒到宜春时，被贬为宜春太守的李适之自忖难逃此关，忧惧之下，喝药自杀了。到了江华，王琚喝药不死，听到罗希适已经到了，又上吊自杀了。

罗希适到了安陆，也准备杀死被贬在此地为官的裴宽。胆小怕死的裴宽为了活命，听说罗希适要来，早几天就在路边搭了个棚子，一见罗希适，不等他下马，连忙趴在路边不停地磕起头来，直到把头磕破，血流满脸。见此情景，罗希适才饶了他一命，没有下马，径直往下一处而去。

经过这样一番扫荡，那些与李林甫作对而被流贬在外地的大臣，基本上都被罗希适清除了。

自此，李林甫的威势更盛，他要让敢于和他作对的大臣们看到，作对的下场只有死路一条。

就在朝廷中暗波涌动，人人自危的时候，内宫里却是一派莺歌燕舞，歌舞杂耍每天层出不穷。

在唐玄宗的引导下，宫廷乐教坊的高级乐师的地位得到前所未有的提高。每次歌舞演奏时，唐玄宗把乐师分成两部分，水平高的，让他们坐在上位；水平低的，让他们站在下面，这样就无形中刺激了乐师们人人努力争上游的心性。过一段时间还进行考评，坐在上面的如果不努力，想吃老本不求上进的，就让他下来站；如果下面的乐师水平有提高的，就让他坐到上面去。

宫廷有名的乐师中除了琵琶高手贺怀智、马仙期之外，李氏三兄弟也大大出名。李氏三兄弟就是李龟年、李彭年、李鹤年。除了李彭年善舞外，李龟年与李鹤年都善歌。他们都受到皇上的特别宠爱，封赏隆厚。他们在京城起宅，其豪奢的规模不亚于公侯之家。

唐玄宗待乐工甚厚，乐工投桃报李，也对唐玄宗忠贞不贰。

当"安史之乱"爆发时，那些乐工纷纷逃离宫廷，或隐匿在山林之中，或混迹于贩夫走卒之间，不愿为安禄山奏乐娱情。

安禄山占据两京后，睹物思昔，想到当年他来京时所见到的盛况，也想学唐玄宗享乐，就派人把流散于民间的宫廷乐工全都搜寻来，让他们像以前一样为他演奏。场所还是在宫中，太液池还是那样碧绿，殿宇还是那般巍峨，但主人已经更换，再不是击节赏乐的大唐皇帝，而是大腹便便的胡贼乱臣。此情此景，怎不让乐工悲愤填膺，相对泣下？但慑于群贼露刃以胁，不敢高声痛哭。

其中有一个乐工雷海清，再也控制不住心中的悲愤，他把手中的乐器猛掷于地，面向西方痛哭。因为唐玄宗已经逃跑到蜀，蜀在长安的西方。安禄山大怒，把雷海清绑缚在戏马殿，肢解示众。听说这件事的人，无不伤痛。当时大诗人王维也被叛贼拘押在菩提寺，听了这件事，当即提笔写下一首诗：

万户伤心生野烟，百官何日更朝天。

秋槐叶落空宫里，凝碧池头奏管弦。

正是唐玄宗对歌舞的爱好和欣赏，对乐师舞伎的丰厚赏赐，使得后来的梨园弟子都把他奉为祖师爷。

这也是唐玄宗没有想到的，可谓失了江山，赢得清名。

唐玄宗的兴致往往很高，在歌舞中也出手打鼓。摸准皇上这个脾气的大臣，当有要事面奏时，如果遇到皇上在打鼓，他们会先在外面听上一阵。如果听到的鼓声欢快有力，说明皇上心情愉快，他们会立刻把要讲的事呈报上去；如果听到鼓声沉郁有杀气，他们宁肯推迟一天面奏，也不去碰钉子。结果，弄得满朝大臣个个都去学习乐理。

舞伎的身份，也与以往大不相同了。宫廷中天天有歌舞，三日一小舞，五日一大舞，动辄上百人。舞坊人数增加，比任何一个朝代人数都多。

舞蹈的分工也越来越细，有专门跳中原舞的，有专门跳胡旋舞的，有专门跳高丽舞的，不一而足，其中最有名的当属舞女谢阿蛮了。

这个身姿无比柔软的谢阿蛮，与贵妃有着不一般的关系。她虽身属舞坊，但舞坊的官却很少管她，她是唯一一个可以在宫内随意走动的人。她知道皇上喜欢纵情欢娱，一味享乐，就想着心思编排各种歌舞。有着多年行走江湖四海漂泊的阅历的她，编排的歌舞虽没有宫廷的华丽与雍容，却自有一股民间的野性与活泼、新鲜与刺激，很受皇上的欢迎。

舞蹈的编排有杨玉环、谢阿蛮这样的高手，可谓花样迭出，每次各有不同。但让唐玄宗不满意的是，每次伴唱的歌词都是一些俗词庸调。自从上次李白写了十几首好词外，再也没有人能写出那样明朗动人的好词了，总不能天天唱"名花倾国两相欢，长得君王带笑看"吧。

杨玉环见这种情况，劝慰唐玄宗说："三郎，既然你嫌歌词没有新意，你的大唐王朝又不缺这方面的人才，为什么不召那些有名望的诗人来京？即使每人写一首，也足够每次歌舞用了。"

唐玄宗一想，这果然是个好办法，但他想，一首好词是可遇不可求的，而且怎么可能人人都有李白那样横溢的才华？不管如何说，试一试总是可以的。

于是，唐玄宗准备下令：天下之人只要有一技之长的都可来京，殿试后，只要可用，就留京听用。

宰相李林甫听到皇上准备下这道诏命，心想，此事不妙，如果那些草野之士借殿试之机，把他拨权弄术、陷害大臣的事面呈皇上，即使皇上不去追究，自己也难免失去皇上的信任，这种事万万不能让皇上做。

最后李林甫终于想到了一个办法来阻止皇上下这道诏命，他对皇上说："天下有那么多自认为身负才艺的人，如果听了皇上的诏命，一起赶赴京师，皇上又怎么能一一接见殿试呢？如果不能，难免引起他们的不满，继而口出不敬言辞，这岂不是事与愿违？再说，那些人中多卑贱愚聩之人，讲话没有礼节，不知尊卑长幼，俚言俗语有污圣听。"

听了李林甫这番话，唐玄宗还真以为他是为自己着想，心想，还是宰相想得周到。他问李林甫："爱卿，依你之见，此事当如何处理呢？"

李林甫说："圣上的心意是好的，就是不让圣贤遗落在野，希望他们都能出来为国出力。不如先让各地的郡县长官精加试练，确实有才能卓著的，把名单上报省府，再让有关部门审，择取名实相符的人再上报圣上。那时再请陛下亲自殿试，定能选到满意的人才。"

唐玄宗一听，认为这确实是条好计策，既免得自己花费过多的精力，又达到了目的，就依了李林甫的话。

殊不知，李林甫才没有那么好心呢，他这样做，完全是为自己着想。试想，选什么样的人，全在他的掌握中，那还不是他说了算，他能选不听他的话，和他有宿怨的人吗？

即便这样，李林甫还不放心，他把那些郡县上报的名士艺人，在用诗、赋、论进行测试时，不让一人过关。结果皇上下诏求士，竟然一个也没求到。

李林甫不因此脸红，竟还上表庆贺，说什么"野无遗贤"。就是说民间已经没有一个贤士，有本事的人都被网罗在朝。

唐玄宗的心思已经全放在歌舞享乐方面，对这种明目张胆的欺骗，竟然也会相信。他看了李林甫上贺的表文，呵呵大笑，心中得意，以为自己真是一位前所未有的明君，有本事的人都竞相来朝，为他服务出力。不然，怎么他真心求贤竟会一个也求不到呢？

如果唐玄宗还有一分清醒的话，就会冷静地想一想，王朝之大，疆域之广，都是前朝所未有的，民众千千万，岂能没有一二才智出众之士？所谓"野无遗贤"，一定是有人从中捣鬼，要是按他早年的英明，一定会追查到底，清本溯源。但他老了，再无早年的雄心壮志，或者他隐隐也能感觉到其中有诈，但不愿深究。

人到老年，唐玄宗不得不考虑这个问题：留存世间的日子不多了，有些事还是不要太过认真的好。

皇帝奢侈糜烂的生活也影响到了大臣特别是那些皇子皇孙。唐玄宗对这些皇子皇孙给养极厚，他们吃用不愁，都竞相仿效宫中做派。有一个被称为申王的为了摆阔，以龙檀木雕成一个举烛童子，再在童子身上披上绿衣袍，系上锦带，每次宴席，让它执烛旁立，虽是木人，但别有情趣，被人呼为"烛奴"。申王如在外喝醉了，就命使女将锦缎结成一个花兜子，他仰卧其中，让使女抬着回宅，别人看了都称之为"醉舆"。每当风雪苦寒的冬季，他不是多穿衣服御寒，而是让使女光着身子团坐在他的身侧，用她们的体温为他御寒，还自呼为"奴围"。

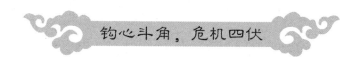

钩心斗角，危机四伏

眼看着到了天宝六载三月，三月里有两个比较重要的节日，一是寒食节，一是清明节。

对于享乐的唐玄宗来说，节日就是他铺陈歌舞场面的借口，但寒食节有点不一样。

寒食节又称"冷节"。为什么称"冷节"呢？因为这天有禁火的习俗，因而也称"禁烟节"，节日期间只能吃凉食，不准举火。到了这天，官府禁火甚严。每到此节，村社的里正小吏便用鸡毛翎到各家灶灰中去扫掠，如果毛翎变焦了，就要治罪。

当然这只是针对普通平民百姓，那些豪门权贵经皇帝特许，在寒食节的晚上即可燃火。有一首诗讽刺这种不公：

春城无处不飞花，寒食东风御柳斜。

日暮汉宫传蜡烛，轻烟散入五侯家。

寒食节除了禁火外，又诞生了一个新的节目，就是"钻木取火"。既然不准生火，那就学伏羲帝来个取火吧。

到了这一天，大唐宫廷都要举行取火仪式，内园官小儿在殿前钻火，先得上进者，赐绢三匹、金碗一口。随后就举行隆重的赐火仪式，把新的火种赐给群臣，以示皇恩浩荡。

唐玄宗不仅要举行盛大的钻火仪式，还别出心裁地自己取火。到了这天，杨玉环的三个姐姐和一些皇亲国戚也都来了，他们都想分到皇上采到的新火。

所谓钻木取火，并不是真的要在木头上钻，而是用火石火镰重新打出火来，唐玄宗当然没费多少工夫就打出了新火。

新火打出来了，问题是把新火赏赐给谁呢？能得到皇上亲手钻出的新火，那该是多么大的荣幸啊。

今年的新火，唐玄宗只把它们赏赐给了杨玉环的家人，也就是杨氏三姐妹，别的皇亲国戚只有羡慕的份儿。

传送火种的内侍，一人着黄衣领头，骑高头大马，后面跟着衣着鲜艳的侍从，一路前呼后拥，招摇过市，绕城巡行，最后才分到杨氏诸人门前。

长安城中万人空巷，大家争睹这一盛事，莫不为杨家的恩宠咂舌。有个诗人看了这种情景，写道：

朱骑传红烛，天厨赐近臣。

火随黄道见，烟绕白榆新。

荣耀分他日，恩光共此辰。

杨氏一门得到皇上赐予的新火，倍感荣耀。他们用柳条接得内侍传来的新火，插在门前，终夜不熄，以炫耀于人。

后来人们争相仿效，相沿成俗。以后，每逢寒食、清明便在家门前插杨柳枝条的风俗，就是从这里来的。

赐火过后，唐玄宗在宫中举行了盛大的歌舞宴乐，有斗鸡、拔河、打球，不一而足。正玩得高兴之时，唐玄宗发现杨玉环不在了，他问身边的宫女。宫女说贵妃有些不舒服，一个人到后花园去了。

听了此话，唐玄宗连忙到后花园找杨玉环，远远就看见她一个人坐在秋千架上沉思，这是快乐无忧的她从来没有过的。唐玄宗以手示意宫女不要出声，他蹑手蹑脚地走到她身后，猛地一摇秋千架，把杨玉环吓了一大跳。待看清是皇上后，她嗔怪道："三郎，你吓了我一大跳。"

唐玄宗说："前面那么多好玩的，你为什么一个人躲在这里发愁啊？"

"我没有发愁，我只是累了，想歇歇罢了。"

"好了，不要骗我了，你有心事，难道我还看不出来吗？"

原来杨玉环近来听到这样一个传言，说她杨氏一家显贵，连从祖兄杨钊都被封了那么多官衔，但作为她堂哥哥的杨鉴却没有什么特别的赏赐，驸马都尉的称号，凡是驸马都可享受，不是官衔。于是有人猜疑，说贵妃与她娘家哥哥关系不谐。

其实杨鉴并不是杨玉环的亲哥哥，只是她的堂哥，但她小时候就归在叔父门下，对她身世不明了的人，自然就认为杨鉴是她的亲哥哥了。

杨玉环是个没有心机的人，听了这话，心想，是啊，杨鉴虽是她的堂哥，但他们从小生活在一起，在自己心里，他可算是她最亲的人，现在她被封为贵妃，怎可对他没有封赏呢？可她又不知道如何向皇上开口，因此犯难。见皇上动问，她就一五一十地把心里话讲了出来。

唐玄宗听了，哈哈一笑，说："这有何难？封他一个官就是了，我也正有此心。"

杨玉环听了这话，心中块垒尽消，她说："三郎，你对我太好了。"

唐玄宗说："这也是惯例，一般皇后、贵妃的家人都要加官晋爵的，我又怎么能委屈了这位大舅子呢？"说着，唐玄宗为杨玉环荡起了秋千。

正是桃红柳绿的时节，后花园百花盛开，景色宜人。唐玄宗为杨玉环推着秋千架，看着她忽高忽低的身影，觉得她就是一只翩翩飞舞的花蝴蝶。

没过几天，杨鉴与承荣郡主入宫拜见杨玉环，这是内侍省做的安排。

现在，他们之间的辈分都乱了，按娘家关系，杨玉环应该称呼承荣郡主为嫂子；但如果按夫家关系，承荣郡主反倒要叫她一声婶婶。但她们把这一切都免去了，彼此都称呼对方的封号。

见了面，杨玉环直截了当地把外面的传闻对哥哥杨鉴说了，并告诉哥哥，皇上不久就会下诏，升他的官。

令杨玉环出乎意料的是，杨鉴竟然不愿升官。他说他考虑过了，以他的才能在现在的职位上做得很好，不适宜再上调，因为他的才能有限。

杨玉环没有想到哥哥是这个态度，她暗地里思忖，是不是叔父去世时，对他有所交代，让他不要借着她的宠爱去谋取官职？

其实杨玄珪去世时，倒没有留下这样的遗命，只是杨鉴书读得多了，身上也难免有一点迂腐气。不错，他以前曾意气风发，想在仕途上有所突进。但一进入官场，他才发现，官场与他以前所想的截然不同，其中的人事倾轧与钩心斗角是他所不能做到的。

由此，他产生了隐退的念头。他想到外地为官，最好到一个山清水秀的地方，怡情养性，其乐融融，远离世俗尘念。他把心里所想的告诉了妹妹。

天真的杨玉环认为这不失为一个好主意，哥哥既然想过一种他想过的生活，她为什么不成全他呢？

其实，杨鉴之所以提出想到外地去，还与杨氏一门近来越发骄奢有关。随着杨玉环越来越得到皇上宠爱，对杨氏一门的封赏也越来越厚，杨门诸人都有点飘飘然，不知身处何方了。权势显赫，难免招人嫉恨，他们的一些作为连他都有点看不下去了。他担心，他们再这样无所节制地骄横下去，早晚会有血光之灾。书上不是写着吗，"万物溢则满"，什么叫"溢则满"？做过头了，就会走下坡路，月圆则亏嘛。

趁哥哥与承荣郡主来宫的机会，杨玉环带着他们到处走动，好让别人看到，他们兄妹之间并无隔阂，外面所传都是谣言。

待哥哥离开后，杨玉环把他的请求告诉了皇上。唐玄宗一听，惊异地问道："玉环，这是你的真心话吗？"

"是啊，怎么，三郎，有什么不对吗？"

"唉，你不知道，多少外地的官吏都想着入京为官，你却偏偏让你的哥哥到外地当官，这相当于外放啊。"

"外放？怎么是外放呢？是同等的官衔啊。"

"即使是同等的官衔，京官无形中就比外地的大了三级。这其中的微妙，你不懂，你哥哥应该懂得呀，他如何会提出这样的要求呢？"

听皇上这样一说，杨玉环心里也迷糊了，她想再问哥哥一下。

但杨鉴告诉妹妹，到外地任官是他的心愿，他唯一的要求就是到一处风景秀丽的地方，当一个闲散的官员。

了解哥哥的杨玉环知道哥哥是有可能提出这样要求的，于是，她把哥哥想到外地当官的话再次说给皇上听。

唐玄宗没有办法，就把杨鉴外放到湖州任刺史。湖州在江南，自然风景秀美。杨鉴高高兴兴地上任去了，丝毫不把这当作外放。

满朝官员对杨鉴的做法都感到不理解，杨钊更是骂他鼠目寸光，没有出息。他想，如果杨鉴不是如此懦弱，而是精于钻营，那么，与他联手，要不了多久，朝廷中还不是他们杨家说了算，呼风唤雨，一手遮天？看样子，杨家一门以后就要看他的了。不过，他一定要紧紧抓住贵妃这条线，还有虢国夫人这个相好，一来，她可以随时加强他与贵妃间的联系；二来，现在虢国夫人在某些方面权势遮天，交游广阔，能给他带来许多意想不到的好处。

就像人越老越发贪恋生命一样，掌握相权达十年之久的李林甫，对权力的渴望比任何一个人都强烈。他像一只猎狗，时刻警惕着，嗅着对他的相位可能造成威胁的人，如果从谁的身上嗅出了异样的气味，他就会扑上去咬死他。这次，他把目光对准了王忠嗣。

王忠嗣就是朔方、河东、河西和陇右四镇节度使，控制万里，天下劲兵重镇，皆在他的掌握之中。而王忠嗣又是一位很会打仗的将军，可以说攻无不克，战无不胜。随着功名越来越盛，他大有入朝为相的可能。

这不是李林甫的臆想，唐朝一直都是选有军功的边将入朝为相的。只是近十年来，相位一直被李林甫占据，唐玄宗又享乐，认为老是换相，政务交换频繁，不利于事务的处理，主要是会妨碍他的享乐，才没有这样做。皇上没有这样做，并不代表没有这种可能，如果哪一天，皇上幡然醒悟，以为相权最好不要长期委于一人，那么，他就会从边将中选一人来替换李林甫。在李林甫看来，要想彻底打消掉皇上的这个念头，就要把那些有可能任相的边将都铲除掉，让皇上想换也无从换了。

王忠嗣一直与太子关系密切，太子一旦登基，王忠嗣必会得到进一步的重用，他李林甫到那时是要权没权，要兵没兵，还不成了别人手里的面团，人家想怎么捏就怎么捏？不行，必须趁现在太子羽翼未丰，就把王忠嗣给拉下马。

一旦决定要把王忠嗣拉下马，李林甫才觉得王忠嗣是一个很不好对付的人。王忠嗣不比皇甫唯明和韦坚、杨慎矜之流，李林甫动动小手指，不费吹灰之力就把他们扳倒了，王忠嗣是什么人？他是军功卓著、威震蛮夷的四镇节度使，手中有雄兵几十万，麾下有无数对他忠心耿耿的良将，连皇上都对他青睐有加。

想到这些，李林甫有些丧气，觉得不应该把河西与陇右的节度使职位也给王忠嗣，这样一来无形中就增大了他的势力。但李林甫是一个权欲极重的人，为了权力的巩固，他有着极强的韧性与耐心，没有机会，他会创造机会，创造不出，他会静静地等待，直到寻到对方的疏漏与缺点，然后就是雷霆一击，把对方置于死地。现在对王忠嗣，他只有等待。

正如李林甫所说，王忠嗣可不是一般的人物，他父亲是一位将军，早年战死在疆场。作为其后代，他被皇上特许抚养在后宫，从小就与太子一起长大，玩耍嬉闹，和太子是总角之友。

更难能可贵的是，他从小就对兵书战策有兴趣，没事的时候就捧着本兵书读，熟谙兵法韬略。唐玄宗曾与他交谈过，认为他"应对纵横，皆出意表"，日后必成名将。

果然被唐玄宗说中，成人后的王忠嗣到边庭军队服役，屡立军功，没过多久，就被封为将军一职，后来分立十大节度使，他又被委任为最重要的朔方节度使。现在，他已经是四镇节度使，这是别的边将望尘莫及的。

王忠嗣很会带兵打仗，这倒没有什么稀奇的，哪个边庭大将都会带兵打仗，让人自叹不如的是他还爱惜将士，使得手下大到将军小到普通士卒，都愿为他卖命。同时，他镇守边疆，处理许多事情时不图眼前利益，而是从长远着想，对巩固边塞也起到了很好的作用。

王忠嗣年轻的时候，曾以勇力自负，双臂能拉开万石之弓，但做了统领一方的节度使后，反而持重安边，不盲目崇耀武力。他常说："现在是太平岁月，只是体恤、训练士卒就可以了，为什么要不爱惜他们的性命，驱使他们拼命流血来博取个人的名声呢？"

他早年能拉开的重弓被收藏在皮囊中，表示不用。他不鼓励动武扬威，但并不代表武备松弛。他知道边关之地，时刻都会有战争袭来，因此他天天亲自督促训练士卒，不让他们有丝毫松懈。

久而久之，士卒都有思战之心，跃跃欲试。王忠嗣见到这种情况，知道士气已被鼓动。平时他总是多派间谍秘密窥探敌方的动静，如果发现对方有了可乘之机，才率军出击，往往一击必中，大胜而归。所以他不出战则罢，一出战，就战无不胜。

敌方都知道他是一位厉害的对手，轻易不敢与他作战，只要听说是他带兵来战，往往不战就退兵败走了。

王忠嗣还在边庭开设马市，以高价收买马匹。这样一来，诸胡看到有钱可赚，纷纷把马拉到这里来卖。王忠嗣都买了下来，使得敌方战马减少，而唐军则兵强马壮，与吐蕃相战于青海、积石时，无不取得胜利，又讨伐吐谷浑于墨离军，俘虏其全军而归，威名震于四海。

在多年的戎马生涯中，王忠嗣练就了一双识人的慧眼，在他手下凡是有才能、能打仗会领兵的人，不管他是汉人还是外族人，都会得到重用，比较突出的有哥舒翰和李光弼两人。

哥舒翰是突厥族人，但王忠嗣不以他的出身而慢待他，看他很会用兵，就提升他为大斗军副使。

有一次王忠嗣派哥舒翰和另一名将佐同去攻打吐蕃。那位将佐自认为与哥舒翰官衔属于同一级别，还轻视哥舒翰为胡人，倨傲无礼。哥舒翰当众把他责打了一番，最后斩首示众，军中将士见了，无不惊悚。

哥舒翰积累军功一直做到陇右节度副使。每年边庭到了收麦子的时候，吐蕃军就大举入侵，乘机把成熟的麦子收走，好像这些麦子都是为他们种的。时间长了，大家似乎也把这些麦子真的当成了吐蕃人的。哥舒翰见这种情景，就在当年麦子成熟的时候，预先在吐蕃兵必经之地的两侧埋伏下重兵，等吐蕃兵再来收麦时，全军出击，把他们的后路断掉，两边夹攻，结果没有让一个敌人逃脱。自此以后，吐蕃兵再也不敢来了。

李光弼是契丹王楷洛之子，也以勇猛为王忠嗣所重，被提升为河西兵马使充赤水军使，他在以后平叛"安史之乱"中立下了汗马功劳。

身为四镇节度使的王忠嗣一心只想持重安边，并不能明白皇上的心意。他正一步步地走向他政治生命的边缘，自己却浑然不知。

唐玄宗早年雄心勃勃，锐意拓边封疆，想当汉武帝式的君王，将大唐王朝的声势威名在他的手上张扬到极点。

为此，他四边开战，和回纥打，和突厥打，和契丹打，和吐蕃打。别的王朝在他强劲的攻势下，或拜服，或求和，都七零八落，不能与之相抗衡了，但唯独吐蕃国，在松赞干布和他子孙的苦心经营下，国势渐趋强盛，渐渐有了与大唐王朝相抗衡的意思。两个大王朝几十年来一直战战和和没有停止过，打败吐蕃可以说一直是唐玄宗的心愿。

大唐与吐蕃相争的地方主要有两个：一是小勃律，一是石堡城。

避开大唐在河西陇右的强大兵力，从唐朝力量薄弱的西边突入安西四镇，是吐蕃在高宗、武则天女皇时期就采取过的一种战略。

小勃律是由西藏高原进入西域的唯一通道，因而勃律也就成了唐与吐蕃争夺的一个焦点。

开元前后，吐蕃常来围困勃律，并对勃律国王说："我不是想占领你的国家，而是想借你们的通道去攻打唐朝四镇。"

勃律国王在权衡再三后，终于在两个强国之间选择了大唐：当吐蕃来围困他时，他派人向大唐求救。当时安西都护张嵩也认识到了勃律国的重要地位，说："勃律，是大唐王朝的西边门户，勃律要是被吐蕃占领的话，那么大唐就少了西边的一道屏障，西域都会被吐蕃占领。"

于是，张嵩派副使张思礼率领蕃汉马步兵4000人，日夜兼程，前往救援。赶到的唐军与勃律军一起大败吐蕃军队，自此以后，吐蕃不敢轻易来犯，西陲得以安定了一段时期。

石堡城位于青海湟中、共和之间，是吐蕃从青海以南地区进入河湟地区的必经之道，开元前即为吐蕃所占据。吐蕃在这里因山筑城，据险而立，储存粮械，石堡城是其侵扰河西陇右的前哨基地。

塞外战事，边疆侵扰

开元十五年，吐蕃攻陷瓜州，唐玄宗命萧嵩主持河西、陇右军事，进行反击。开元十七年，信安王率众攻破了石堡城，终于拔掉了这个时刻威胁着西北边陲的钉子。吐蕃见借以进攻的屏障和基地已经失去，不作他想，只好与大唐和好，签订条约，并在赤岭竖碑定界，相约"两国和好，无相侵掠"。

此路不通，急欲要向外扩张的吐蕃只能再走前边那条路，就是占领勃律，打通到西域的路。

现在统领吐蕃国的是松赞干布的后代赞普，他比他的祖宗更有办法，也更有野心。他不信他的帝国会被大唐王朝压制在高原寒冷地带，他想要带着他的百姓冲向温暖的平原。

吐蕃兵再一次兵临勃律国城下，和上一次一样，勃律王向唐王朝求救，但唐王朝这时无力出兵相助，只是警告吐蕃，让他罢兵。

在唐王朝没有出兵的情况下，吐蕃终于占领了勃律国所有的土地。他们欣喜若狂，庆贺奏响了西进的序曲。

唐玄宗非常气愤，决定要给吐蕃一点颜色看看，他要在东线战场上给吐蕃一次重创。

自从双方缔结和好条约后，东线一直呈现一派歌舞升平的情景。当时唐朝的守将是崔希逸，蕃将是乞力徐：由于长期的和平，他们两位倒成了好朋友。崔希逸对乞力徐说："两国既和好，何须壁垒森严，既妨碍农人耕种，又浪费人力。不如共同撤防，合为一家。"

吐蕃将领乞力徐也有此意，但他担心地对崔希逸说："足下为人忠厚，说的都是肺腑之言，只恐朝廷间未必互相信任，一旦有人乘我不备，发动袭击，那将追悔莫及。"

心地敦厚的崔希逸连连说不会不会，请对方放心。为了表示诚意，双方杀白狗为盟，共同撤防。

但好景不长，唐玄宗要在东线打击吐蕃，以报他们占领勃律之恨。他派特使到东线，让崔希逸乘对方空虚，发动袭击。崔希逸听了这道敕命，如五雷轰顶，他说什么也不相信皇上会让他突然出兵，这样，他岂不成了一个背信弃义的小人了吗？最后，在道义与圣旨之间，崔希逸痛苦地选择了后者。

异国朋友的军队在毫无准备的情形下迅速被击溃，乞力徐只身逃脱，唐军乘胜追击，连连获胜。

吐蕃被唐王朝的这种背信弃义的行径激怒了，他们认为堂堂大国竟做出这种为人不齿的事来，真是言而无信，以诈取利，破坏和约，有失大国风范。于是在国内发动全国总动员，点燃百姓的仇唐火焰，终于在开元二十九年十二月，再次攻陷石堡城，控制了青海的大部分地区，对唐的军事行动又推进到河西走廊，恢复到开元十年间的局面。

吐蕃再次占据石堡城后，倾全国之力精心构筑它。他们深知它就是远征大唐的跳板，失去12年后的石堡城再次落入吐蕃人的手里，他们再也不想轻易失去它了。

后来，唐朝虽然多次攻打石堡城，但都没有成功，这成了唐玄宗的一块心病。

现在，唐玄宗虽然没有了早年的雄心壮志，但他不能容忍这样一个极具威胁的钉子安稳地插在自家的门口。

就在前年，天宝四载，他还命当时的陇右节度使皇甫唯明攻打石堡城，结果连副将都战死了，还是没有攻陷石堡城。为了增强皇甫唯明攻打石堡城的力量，唐玄宗又任命他兼任河西节度使。皇甫唯明尚未到任，即被李林甫陷害。

对于皇上的心思，王忠嗣不是不清楚。他曾对石堡城的地理位置进行了详细的研究，看到石堡城不过是孤悬于沙漠地带的城池，毫无占领的必要，得到它不能成为制服吐蕃的屏障，不得它也无害于国。

同时，他看到此城背山而建，吐蕃国重兵驻扎，有险可依，不牺牲上万士兵，很难占领它。为了一座得之无用的小城，用上万士兵的生命来换取自己的功名，王忠嗣不愿意。

王忠嗣不愿意，但皇上着急万分。他才上任，皇上就下诏给他了。要是聪明人一眼就能看出皇上此刻的心意，也巴不得有这么一个建功立业的机会，什么士兵性命，哪还顾得了那么多？常言说"一将功成万骨枯"，太过顾惜士兵性命的将帅，还能博取骄人的功名吗？

王忠嗣不知是真的没有看出皇上的心意，还是装聋作哑，他老实地给皇上上了一道奏疏，上面写道："石壁险固，吐蕃举国守之，若屯兵坚城之下，必死者数万，然后事可图也。臣恐所得不如所失，请休兵秣马，观衅而取之，计之上者。"

在这道奏疏中，王忠嗣也没有说不去取石堡城，他客观地分析了一下石堡城的险要防守后，认为现在去取它，势必死伤太多兵将，只有以静制动，待以时日，等待他们出现内讧，再乘机攻占，这才是上上之计。

王忠嗣分析得十分在理，可惜的是唐玄宗等不及了，他想现在就攻占石堡城，拔掉这个门前钉，所以他对王忠嗣的这道奏疏一点也不满意。

唐玄宗很是纳闷，这个王忠嗣，他的父亲王海宾就是在与吐蕃作战中阵亡的，按理说他应该对吐蕃有着刻骨的仇恨才对，可恰恰相反，看他的奏疏，似乎一点也不想与吐蕃开战。

王忠嗣不善揣摩圣意，惹得皇上不高兴还不知道。他不善揣摩圣意，却自有巴结圣上的人。将军董延光看到这种情景，请缨带兵攻取石堡城。

唐玄宗对董延光的军事才能有点不放心。董延光情急之下立下军令状，要在一定时日之内攻取石堡城，如未攻取，甘愿军法处置。看到董延光如此坚决，唐玄宗才让他带兵出征，同时让王忠嗣分兵助他。

王忠嗣看到这种情况，认为牺牲这么多人的性命去夺取一座孤城，实在不值，因此他并不是很积极，虽有皇上的圣命，但他并不尽遣部属供董延光指挥，也不以重金赏赐冒死进攻者，对一些军事行动也不是很配合。董延光看到这种情景，心中深深恼恨王忠嗣。

手下大将李光弼见此，很为主帅王忠嗣担心，他劝告王忠嗣说："将军，你太爱惜士卒了，这样岂不是要坏董延光将军的事情？"

王忠嗣也直陈其心，他说："我本来就不赞成他去攻打石堡城，这本不是他分内的事，他却偏想捞取功名，不顾上万人的性命。我最恨这种人了。"

"可这是圣上的旨意，将军这样做，董将军必将不能攻克石堡城，建功不成，他日必归罪于将军，将军这又是何苦呢？再说将军府库充实，又何必在乎一点缎帛钱财呢？若拿出一点作为赏赐，以激励将士的进取，也好堵塞谗言。"

"将军好意，我心领了，但我王某人做事自有分寸。想那孤城，得之无用，却要献出数万男儿的性命，我心不忍。如果皇上就此事责怪的话，那就责怪我一人好了。想来不过是把我贬职流放，即使这样，我也不会用数万人的鲜血来换取功名。李将军，谢谢你的好意，这是我不可更改的决心，你就不要再说了。"

听了这话，李光弼深受感动。王忠嗣宁可舍弃自己如花似锦的前程也不愿牺牲将士性命的高风亮节，把李光弼打动了。这是一个真正为帅者的风范，爱护将士如手足，视功名为敝帚。

李光弼说："我是担心将军被小人谗言所伤，才不得不说。今见将军行古人之事，胸襟宽广，是我等不如啊。"

没有王忠嗣倾力相助，董延光果然到了他许诺的日期也没有把石堡城攻下来。败仗之后，他不是伤悼惨死将士，抚恤其家属，而是一心想着如何开脱罪责，自然而然地，他想到了王忠嗣在此役中的拖延和消极。于是他给皇上上了一道奏本，把王忠嗣的表现添油加醋地讲述了一番。

唐玄宗看了董延光的奏本，心中大怒：这个王忠嗣竟敢阻挠军计！他也不去追究董延光当初立下军令状的事了，而是想着如何治这个胆敢忤旨的王忠嗣的罪。

对朝廷的丝毫举动都不放过的李林甫，看到这种情景，认为扳倒王忠嗣的机会来了。他让济阳别驾魏林诬告王忠嗣，说王忠嗣在担任河东节度使时曾经说过这样的话："早年与忠王同养宫中，因此我更尊奉太子。"这话什么意思呢？就是要拥兵以尊奉太子为皇帝。

李林甫不愧是摸透皇上脾气的人，他知道什么话皇上爱听，什么话皇上听了一定会跳起来。

他让魏林说的话，唐玄宗听了就会跳起来。因为他深深知道，唐玄宗当了快40年的皇帝，还似没有当够一样，一点没有让位的意思。虽然选好了太子，但太子仅仅只是一个摆设，什么时候让位，你就等着吧。现在太子不急，反倒有人急了，这岂不正触着皇上的心病了吗？

听了魏林的诬告，唐玄宗果然恼怒异常。好个王忠嗣，因为幼年把你养于宫中，你和太子是好朋友，就要尊奉太子了。你尊奉太子，那你眼中还有我吗？怪不得我让你协助董延光攻取石堡城，你不尽力呢，原来你眼中已经没有我了。

他是越想越气，立即宣召王忠嗣入朝，交由御史台、刑部和大理寺官员组成的三司推审。

其实王忠嗣根本就没说过那句话，虽然他和太子是总角之友，关系不一般，但他作为一名边将，是不愿参与任何宫廷斗争的。不错，太子如果当上了皇帝，凭着他与太子的友谊，他将更会得到重用。既然太子做皇帝是迟早的事，太子不急，他又为什么急呢？

但唐玄宗可不这样想，他从自身的经历知道，任何想登上皇位的人，要想成功，必要借助武将的援助，他不就是借助禁军的帮助才消灭了韦后和太平公主的吗？前车之鉴，他不能不留心。

而王忠嗣虽身陷大牢，但他想身正不怕影子斜，没做亏心事，不怕夜半鬼敲门。自己没有说过的话，别人栽赃也是白搭，皇上顶多治他一个阻挠军计罪而已，还能把他怎么样？

王忠嗣想错了，虽然这次审理他的是三司，但三司中都是李林甫的人。李林甫是一心要置他于死地的，特别是那个叫杨钊的侍御史，更是深深领会了权相李林甫的意图，要不遗余力地替他卖命，即便王忠嗣不承认也要让他低头认罪。

栽赃是要有证据的，这一点让想为李林甫卖力的人为难。王忠嗣可不是杨慎矜，杨慎矜就居住在长安，与他交往的人也与李林甫来往。但与王忠嗣在一起的都是他统领的将士，那些将士多年敬服于他，没有一个人会背叛他。你说他说过"我欲尊奉太子"，此话有谁听到了呢？

王忠嗣被押在大牢中，一审再审也没有审出个头绪来，他对种种莫须有的罪名就是死不承认。对他又不能上大刑，常言说刑不上大夫，王忠嗣是一员大将，自然不能胡乱把什么刑具都往他身上使。

王忠嗣显然也明白这个道理，一问三不知。他想，难道会把我关在牢里一辈子？但他也知道，他是不可能再回去当四镇节度使了，不要说四镇，一镇也当不上了。皇上既对他起疑，怎么会再让他手握重兵呢？君臣有时从某一方面说也是朋友，朋友间有了猜疑，就没有办法弥补了，最后只会让他当一闲职了事。

想到这里，王忠嗣为自己就要离开热爱的军队而难过。他从小就对行兵打仗有兴趣，他就是为此而生的，离开军队，他还能做什么呢？如果闻不到硝烟，看不见将士冲锋陷阵时的矫健身姿，那他的余生又如何度过呢？一提起那些可亲可敬，与他同甘共苦的将士，他的眼睛润湿了。他们都是多么勇敢无畏的人啊，与他们饮酒啖肉的豪迈情怀难道真的一去不复返了吗？

"功名只向马上取，真是英雄一丈夫。"王忠嗣喜欢这句诗，这是一位叫岑参的诗人写的，是他帐下的一位幕僚。

你看，连弱不禁风的读书人来到塞外边疆后，都豪情满怀，渴望杀敌博取功名，何况他这个雄霸一方的节度使呢？

王忠嗣一想到那些瑰丽壮美的边塞风光，心中就不禁为之神往。虽然他在边疆驰骋多年，但他最看不厌的就是大漠长河、孤烟落日，而现在只能慨叹：别了，壮美的边塞。别了，金戈铁马的岁月。这一切都只能在梦中出现了。

李林甫对审讯王忠嗣的结果很不满意，他想，这样下去王忠嗣还不知道什么时候能定罪呢。难道王忠嗣一辈子不说，就这样拖一辈子不成？怕只怕皇上要是有一天幡然醒悟，那就坏事了。还有，就是此时边疆最好不能发生战事，要是一打起仗来，皇上就会想到王忠嗣善于用兵，说不定还会把他派往前线。

这天，李林甫把杨钊找来，装作漫不经心地问道："杨御史，王忠嗣一案审理得怎么样了啊？"

杨钊连忙答道："回禀宰相，这几天都是大理寺和刑部的官员在审理，我一直被别的事牵绊着，还没有正式参与进来。"

"噢，听说进展不大。"

"听他们说，王忠嗣死不承认说过那些忤君谋逆的话，他们又拿不出证据，事情有点僵住了。"

"我跟你们说，王忠嗣是一条老狐狸，他苦心经营北庭多年，手下几乎都是他的心腹，谁会在此时站出来做证呢？再说，如有不听话的，也早把他除掉了，还留到今天让你们去调查？"

"是是是，宰相言之有理。王忠嗣既有此心，计谋一定很深，布置也当周密，不花大力气是找不出他谋立太子的证据的。"

"我看要想找一个人站出来指证他也不容易，再说也花费时间。不如另想他途。"

"宰相之意？"

"我也没什么主意，这是你们御史台的事。我只是想让你们快点了结此案，不宜久拖。"

从李林甫那里出来后，杨钊心中小鼓直打。李林甫显然不满意这种按部就班的审讯，他要的是早日把王忠嗣打倒，除掉这个威胁到他相位的人。如何才能让王忠嗣开口认罪呢？经过几天苦思冥想，杨钊终于想出了一个好办法。

这天晚上，王忠嗣正睡眼惺忪，突然灯烛通明，狱卒高举火把进来把他推醒，说要半夜过堂。

王忠嗣心中纳闷，白天不是过过堂了吗，怎么又半夜过堂？我又不是什么可疑人物，难道还急于从我嘴里套取消息不成？我在边疆只有抓住对方间谍时才会半夜突审，想不到京师也来这套。

狱卒告诉他，白天是大理寺审理，现在是杨大人要审讯他。

"杨大人？哪个杨大人？"

"你连杨大人都不知道，真是孤陋寡闻。告诉你吧，杨大人就是贵妃的堂兄，身兼数职的杨钊杨大人。侍御史也是他的一个身份，你的案子他也要参与审理的。"

听狱卒这样一讲，王忠嗣知道这位杨大人是谁了。他是孤陋寡闻了些，在边陲多年，朝中大臣的变迁他甚少听说，不过也隐约知道有这么个人，是靠着贵妃的关系走红得势的。

王忠嗣非常看不起这种靠着椒房关系骤升的人，他们有什么本事？要不是靠着裙带关系，他们哪能得到官职？他连正眼也不会看他们，他们怎能与他手下那些出生入死的将士相比，那些将士的官职都是拼了性命冒死挣来的。

到了大堂，王忠嗣抬起头来。他看到虎威堂上正面坐着一位官员，衣饰鲜艳，脸沉似水，倒也有几分威严，只是一双眼睛透射出几分精明。这人朝他瞄上一眼，并不开口，挥手让人把他拉到一旁站着。原来这位杨大人连夜突审的除了王忠嗣还有别人，看来这位杨大人确实够忙的。

一阵镣铐响后，一个贪赃枉法的小官被提了上来，只见那名小官一进来就磕头如捣蒜，乞求饶命。

杨钊把惊堂木一拍，喊道："你个小贪官，还不快把你贪了多少两银子如实招来，皇恩浩荡，也许可以从轻处罚。"

听了这话，那名小官不住口地说，绝无此事，他是受人诬告，他为官清廉，从未拿过别人一文钱。

"你没收过别人一文钱，这样看来，你倒是大大的清官了。我看不给你上刑，你是不会开口的。来人啊，大刑侍候。"

随着这一声喊，各种刑具都摆了上来。看到这些上面沾着血斑人肉的刑具，那名贪官只吓得浑身发抖，但他还是嘴硬，死不松口。见他还是这般刁蛮，杨钊高喊一声"打"。

随即小贪官被按倒在地，身上的衣服被扒下，大板子一五一十地打起来。瞬间，堂上只听到板子打肉的啪啪声，还有小贪官的呼痛惨叫声，不一会儿，小贪官就被打昏了过去。

高坐于上的杨钊，竟似不见，让人端来凉水泼在他头上。

在凉水的刺激之下，小贪官醒了过来，他哼哼着，连爬起来的劲也没有了。杨钊说："你招是不招？"

小贪官好像知道嘴一松小命就没有了似的，咬着牙说："回大人，小人委实没有收取别人钱财。"

站在一旁的王忠嗣看了，心中也不禁佩服这名小贪官的勇气与毅力，心想：他被打成这样，还说没有，看样子十之八九是被冤枉的。

但杨钊好像没有听到这句话，他这次连惊堂木也不拍了，只是头也不抬地说："好，很好。"

那个小贪官尚未听明白这句话的意思，几个如狼似虎的皂役赶上前来，把他的双手双脚并拢绑好，然后把他的头颈和脚使劲向后扳去，直把他勒得青筋暴起，面呈猪肝色，泪水鼻涕流了满面，直到双眼眨白的时候才松下来，让他喘上一口气后，再向后勒去。如是者再三，等最后一次再把他放下来时，那个小贪官已经瘫软在地，昏死过去。

等小贪官再醒过来时，杨钊问道："你招是不招？"

小贪官这次再也不敢说不招了，他看了看放在一旁的纸与笔，哆哆嗦嗦地爬过去，拿起笔写了起来。

不一会儿，纸就写满了，皂役双手捧到杨钊面前。杨钊看后点了点头，就命人把犯人打入大牢。

审过此案后，还是没有要审理王忠嗣的意思，又一个犯人被带了上来，这个犯人所犯的罪是私通番邦。

王忠嗣听了暗暗纳闷，心想：这种人在我们边庭比较多，想不到中原腹地，朝廷之中也有这种人。这种人最是可恶，贪图小利，忘却大义，把一些朝廷秘密告知敌邦，且看这位杨大人如何审理此案。

那名犯人一被带进来就连喊冤枉，他扑通跪在杨钊面前，高喊道："大人，小人冤枉啊！"

"噢，你冤枉？你有什么冤枉的？"

"小人没有私通番邦。"

"那你怎么会与番邦之人交往，还与他们关系密切？有人告发，他们往你的家中送了许多钱财，可有此事？"

"大人，我与番邦之人有来往，是有那么回事，但他们都是做生意的人，我与他们只是货物钱财上的来往，绝没有一点有关国家事务的交往啊。"

"大胆，你个刁民，还敢狡辩，明明有人看到你与番邦朝中之人交谊深厚，证据确凿，还敢抵赖。我看不给你点颜色看看，你是死不开口的了。来人，拖下去，先鞭打三十。"

随后就是一阵惨叫声。那些皂役一看就是经常用刑的人，鞭子打得又准又凶，全是往犯人身上肉嫩的地方招呼。鞭梢响着呼哨，一鞭下去，犯人身上就鼓起一道血痕。三十鞭打下来，犯人身上已经皮开肉绽，体无完肤了。

打完后，把犯人往地上一放，杨钊这才把惊堂木一拍，喝问道："还不速速把你与番邦私通的事招来，免再受苦！"

那个犯人用手支着身子，声音微弱地说："回大人，小人着实冤枉，不曾与番邦相通，我做的都是正当生意，不敢欺瞒大人。"

此时，连站立一旁的王忠嗣也看出来，这个犯人其实是被冤枉的。他只是与番邦人做点生意，这也是朝廷许可之事，也许有人暗中嫉妒他生意做得好，就诬告他私通番邦。这位杨大人不问青红皂白，一味滥用重刑，别的证据又拿不出来，真是丝毫没有道理。由此，王忠嗣也怀疑开始那个贪官是不是真的受了贿赂，也许他是屈打成招的。

杨钊见犯人不招，又是用刑。这次拿上来的是一段绳子和两个像球一样的东西，皂役把像球一样的东西摆放在犯人的脑袋两侧，随后一边一人，扯动绳子。随着绳子的收缩，两个像球的东西向内挤压犯人的脑袋。

犯人开始还能忍受，慢慢地，他的头被挤得越来越重，眼睛和嘴越来越向前突出，脸整个都变形了。他的双腿不住地乱踢，喉咙间发出嘶嘶的声音。最后他的双脚一阵狂蹬后，身子猛地如被抽去筋一样不动了，他再一次昏死过去。

等到用凉水把他泼醒，犯人再也不喊冤枉了，他主动拿起笔，招认起"罪行"来。只是他不知道如何写，写一句看一眼旁边站着的人，在旁人的提醒下，他终于写好了罪状。

现在，王忠嗣终于明白这位杨大人审案的手段了，就是屈打成招。重刑之下，招也得招，不招也得招。刚才两个人的遭遇再明白不过了，他们被带进来时都是全身完好，出去时体无完肤。

这是什么审案？这就是御史？王忠嗣的心冷了。

两案审过，杨钊这才不紧不慢地把王忠嗣带过来，眼也不抬地问道："你就是王忠嗣吗？你知道你所犯的罪吗？"

口气和问前两个犯人一样，没有因为他是威震一方的大将军而稍带客气。

这真是"龙在浅滩被虾戏，虎落平阳遭犬欺。"要在平时，王忠嗣对这种小人连看都不会看一眼，想不到如今竟落得这般下场。大丈夫死则死矣，怎可在小人手里受怨气？罢了，罢了，被小人折磨，不如一切顺着他们的心意，这样起码落得个身体完好，免得小人讪笑。

想到这里，正直无私的王忠嗣并不回答杨钊的话，他只是抬起头来向上冷冷地瞧了对方一眼。

见王忠嗣如此倨傲，杨钊倒也不慌不忙，他阴声怪气地说："王忠嗣，前两个犯人的样子你都看到了，在我面前休想隐瞒罪行。你是自己招呢，还是先尝过刑具再招？随你挑。"

王忠嗣见这位杨大人完全一副小人的嘴脸，不屑与他多加交谈，冷冷地说："拿笔来。"

待皂役捧过笔和纸来，王忠嗣坐在案前，心中既悲愤又伤感：悲愤的是自己是何等有气概的一个英雄，威名显赫于边陲，令敌酋闻风丧胆，如今却受折于一个小人之手，性命与尊严操于肖小，大丈夫宁死勿辱，伤感的是此笔一落，就是滔滔江水也难洗净身上的冤屈，这盆脏水就算被人泼定了。

一生的荣耀、一世的威名全都付之东流。过去那些峥嵘岁月，出生入死才博来的那些声名，那些流逝了的热血和青春、豪情与梦想，全都被否定了，这又怎能不让他伤感呢？

"唉，还想这些干什么呢？皇上既然听信谗言，不分皂白，重用小人，我还抱怨这些干什么呢？"

于是，王忠嗣牙一咬，违心地承认了他们强加给他的罪责。一段时间审讯下来，他也知道他们想要的是什么了，顺着他们的心意写就是了。

只见他文不加点，援笔立就，好像真有那么回事似的。不一会儿，一份认罪状就摆在了杨钊的面前。

杨钊看着王忠嗣的认罪状，几乎不相信自己的眼睛。今天，他不过上演了一场戏，就是在提审王忠嗣之前，先拿两个无足轻重的囚犯开道，施以重刑，恐吓王忠嗣一下。其实就是王忠嗣不招，他又怎么会对王忠嗣施加那样重的刑罚呢？

对这条计策，杨钊心中本来抱着试试看的态度，并不指望能成功，想不到效果出乎他的意料，竟一下就把王忠嗣吓住了。他看了王忠嗣写好的认罪状，上面不仅全部承认了所要加给他的罪责，还自行添加了不少，看来，这个王忠嗣着实被吓住了。嗯，什么四镇节度使，威震北庭，我看胆小如鼠，连我都不如，就凭这样的人，还指望他去冲锋陷阵？

杨钊把王忠嗣的认罪状送交李林甫看。李林甫欣喜万分，他没有想到杨钊一出场就手到擒来，让一直不开口的王忠嗣乖乖低头认罪。他不免把杨钊着实夸奖了一番，让他快把王忠嗣的认罪书呈给皇上。

唐玄宗接到王忠嗣的认罪书也是大吃一惊，想不到真如魏林所奏，王忠嗣怀有二心，打算拥兵逼他退位，欲立太子登基。原本他在心里只是气恼王忠嗣阻挠军计，不出全力攻打石堡城，对魏林所说还信疑参半，看了王忠嗣的认罪状，方才相信他确有私心。如果他只是阻挠军计，看在他建立那么多功勋，长年戍边的份儿上，也许只是将他贬官了事，但他既有这等事，按理就要斩首示众。

王忠嗣认罪的事立即传遍朝廷，自然也传到了他所统领的四镇。他的那些老部下说什么也不相信主帅会有此不忠之心，别人不了解，他们对主帅可是最了解的，想他多年来，一心戍边，操心的只是如何防敌安边，极少关心朝中之事，怎说得上拥兵迫帝之事？让他们不能理解的是，主帅王忠嗣竟承认了这些罪状。虽然如此，哥舒翰和李光弼等还是不相信，他们决定进京面见圣上，替他们的恩公陈清冤屈。

此时，哥舒翰已经升任西平太守，并担任陇右节度使，连皇上都知道他是一位能带兵打仗的胡人。出于笼络胡人将领的需要，他让哥舒翰来朝面君。

哥舒翰决定乘此机会，面奏皇上，为王忠嗣辩白。临行前，有人劝他要多带黄金钱财，好疏通权贵，营救恩公也方便些。但哥舒翰说："如果天地间还有公道存在的话，那么王公必不会冤死；如果天地间道义无存，就是再多的钱财，又怎么能挽回王公的性命呢？"

最后他不听众人的话，只是带着几个随从，背着一个简单的行装就出发了。

到了京师后，哥舒翰很想去牢中看望王忠嗣，但想到这样做反而不好，就强忍住思念，打消了探监的念头。

此时，王忠嗣一案已经在京师传得沸沸扬扬。哥舒翰听了听，人们大抵都在指责王忠嗣心怀谋逆，辜负了皇上的宠信。

哥舒翰恨不能拦住大街上的每一个人，跟他们说王公并不是那样的人，他是一位忠厚仁义的人，爱护部下就像爱护自己的亲人，如果他这样的人也怀逆谋之心的话，那天下就再没有可信之人了。但群情汹汹，一口难阻。

正在哥舒翰为搭救王忠嗣而无从着手时，皇上传旨让他晋见。哥舒翰想，一定要乘此机会在皇上面前替王忠嗣辩白，救得恩公性命。

唐玄宗接见哥舒翰，只是一种仪式，表示对他的看重，并不商谈什么重要的事，也无别的大臣在侧，这正合哥舒翰的心意。在闲谈过几句后，唐玄宗先把话题转到了王忠嗣身上。唐玄宗说："哥舒翰，你到京城后也听说王忠嗣的事了吧？他太让朕失望了。"

听了此话，哥舒翰连忙说："陛下，据我所知，王忠嗣并不是那样的人啊。"

"是啊，我以前也这么认为，一直把他当作心腹，还委以重任，哪知他竟敢以兵要挟我，真是伤透了朕的心。"

哥舒翰大着胆子说："陛下，请恕臣子有一言相告。"

第四章　祸起萧墙，人生处处有危机

191

"但说无妨。"

"陛下，王忠嗣为将守边多年，臣下跟他也有不少年了，是他把臣下一手提拔上来的。据臣下看来，王忠嗣对皇上一直忠心耿耿，从无二心，至于什么拥兵尊尚太子，不仅臣下没有听说，就是许多跟随他多年的老部下，也从未听闻，这是对他的诬陷，还望皇上明察。"

听了这话，唐玄宗把眉头皱了皱，心想，连王忠嗣自己都承认了，还说什么别人对他的诬陷，我曾派人到牢中去看过，王忠嗣一身完好，也不存在屈打成招的事。想到这里，他对哥舒翰说："此事是王忠嗣亲笔所写，怎能说是别人陷害？哥舒翰，你就不要多说了。"

但哥舒翰怎么能轻易罢手？他说："陛下，王公所受确是诬陷，我愿意用自己的官爵来抵王公的罪责。"

听了这话，唐玄宗心里有点不高兴了：这个哥舒翰一味替王忠嗣辩护，难道就不怕我怪罪你与他同谋吗？还说要拿你的官爵来抵王忠嗣的罪，官爵是皇家所封，不是给你用来换什么东西的。

想到这里，他面露不悦，站起来向后走去。

笼络人心，养虎为患

唐玄宗任命了一批胡人为节度使后，为了笼络他们，让他们为唐廷效命，就象征性地召见了他们中的一两个，也让他们把此看作一种荣誉。哥舒翰已被召见过了，那召见的应该是谁呢？

唐玄宗的目光对准了范阳、平卢节度使安禄山。

唐玄宗之所以想到安禄山，是因为近来那边捷报频传，安禄山连连打了好几个胜仗，把唐朝的宿敌契丹打得丢盔弃甲。唐玄宗听了觉得扬眉吐气，心中畅快不已。于是，唐玄宗皇帝传旨让这位功臣入朝晋见，算是对他的一种特殊嘉奖。

安禄山不是普通的人，他虽身为胡人，但心计与谋略都超出常人。他从一个普通的士兵爬到节度使的位置，如果没有一定才能，休想得逞。

安禄山是一个有野心的人，虽然当了节度使，但为了巩固他的地位，他把眼光瞄向了朝廷。通过多年爬升之途，他知道，朝中有人好做官。作为一个边将，就是再卖命杀敌，如果朝中没有一个大臣为他撑腰，他的官也做不长久，更别说向上升了。因此，他在苦心经营范阳、平卢之时，还不忘结交朝中大臣。但安禄山也不是随便结交人的，他知道一定要攀交到有权力、有地位、能帮他在皇上面前说上话的大臣。朝中能帮他在皇上面前说上话的大臣，莫过于宰相李林甫了。现在，天下谁不知李相爷权势熏天，要结交就要结交他这样的人。为此，安禄山每年都给李林甫送去大批财物，并且自称后生晚辈。

李林甫对这样一个主动投怀送抱的胡将，心中自有他的如意小算盘。他是这样想的，虽然他在朝中一手遮天，但手握兵权的边将却无一人是他的心腹，这让他时刻忐忑不安。他之所以不遗余力地打击皇甫唯明和王忠嗣这样手中有兵权的边将，就是怕他们用手中的兵力与太子遥相呼应。如果他们真那样做的话，他将非常被动，因为他手中无兵。所以，在打击他们的同时，他也在物色能为自己所用的边将。安禄山的主动来投，正合他的心意。

李林甫御人多年，自有一套控制别人的方法。首先将这个为其所用之人的底细查得一清二楚，不仅掌握他现在的情况，还要明了他的历史，只有这样才能从心理上达到控制他的目的。

对安禄山，他也是这样。

安禄山是营州柳城的混血胡人，父亲是康姓胡人，母亲阿史德氏，是突厥巫师，以占卜为业。因其母是在轧荦山祭神后生下安禄山的，故取名叫作"轧荦山"。轧荦山是突厥人崇拜的战神象征，轧荦山从未用过康姓，自小便孤儿寡母地在突厥部落中游荡，后来其母又嫁给突厥人安波注的兄弟安延偃。

开元初年，安延偃部落破散，突厥将军安道买的儿子安孝节和安波注的儿子安思顺、安文贞带着轧荦山逃至岚州。安孝节的弟弟安贞节在岚州担任别驾的官职，收留了他们。那时轧荦山年仅十余岁，遂与安孝节、安贞节和安思顺并为兄弟，冒姓安氏，改名禄山。

安禄山长大后，据说是个非常残忍、善于揣摩人意和足智多谋的人。因他很小的时候便在多民族聚居的地区混迹，因而会说九种蕃语。同样与安禄山一起逃出来的还有一个史思明，与他是最好的朋友，两人出生仅相差一天，因此，安禄山称史思明为兄。两人长大后，情谊甚笃，都是当地诸蕃互市牙郎，而且非常善于打仗，都以骁勇著称。

安禄山与李林甫因各有所需，便勾结在一起，李林甫得空就在唐玄宗面前替安禄山美言几句。

就在前几天，李林甫府上来了一位客人，这个客人是安禄山派来的亲信。李林甫接待了这位来自范阳的客人，客人并无别的事，只是给宰相李林甫送礼来了。

礼物是一个看上去无比珍贵的红木匣子。来客走后，李林甫因为好奇，决定打开匣子看看到底是个什么样的礼物。当李林甫将层层丝绒揭开来，看到匣子里的物件后，他不由得眼睛发亮。原来是一张古琴，古琴躺在匣子里发出冷冷的光泽，似已躺了千年。李林甫见过无数珍宝，但他不知道安禄山竟会将这张如此名贵的古琴送给他，安禄山是从哪儿弄到的呢？

这张古琴也是安禄山无意之中得到的。他本是武人，生平最不爱侍弄的就是这些琴弦乐器，但他见琴的主人把它保管得这样精致，一定大有来头，于是就把它收入府中，随即又把它当作礼物送给了李林甫。

李林甫只是个靠投机钻营混入朝廷的佞臣，没有过人的才学，对古琴也不会有太大的兴趣。但在宫中走动久了，在唐玄宗的身边侍奉久了，他知道唐玄宗是个喜欢音乐的风流皇帝。关于这张琴，唐玄宗曾经在一次宴会中私下与李林甫谈起过，好像说是秦朝时一个叫高渐离的人凝集了毕生精力才制作成功的，在世间乍现后就不见了影踪。

李林甫仍然记得当时唐玄宗说起这张古琴时，语气中充满着无比神往之情，他说："朕要是有一天能将它找到该多好啊！"

而此时，这张令唐玄宗无比神往的古琴就躺在他面前。李林甫一阵激动，他在瞬间就想好了如何处置这琴。没过几天，长安一个著名的琴师被李林甫邀进了府内。李林甫拿不准这张琴到底是不是传说的那张古琴，所以他请了长安最著名的琴师来辨别。当李林甫搬出匣子，打开丝绒布幕的时候，他看见琴师的眼睛发出光芒，因此他知道，安禄山送给他的这张古琴，正是唐玄宗找了许多年而一直没有找到的琴。

琴师离开李府后，内心充满了幸福迷醉的幻觉，他没想到自己在有生之年，还可以亲手触摸到祖师在他年幼时就向他提到过的这张名琴。他要将这份幸福告诉家人。

李林甫不是一个爱好音乐的人，在不爱好音乐的人眼中，一件好的乐器永远是没有价值的，但有的人能从别人眼中发现它的价值，并善于应用，无疑，李林甫就是这样的人。

乐师的迷醉，让李林甫确信，这把古琴的价值还要远远大于他的想象，他决定把它献给皇上。

这天，唐玄宗正与杨玉环依在床榻上共同研究他新作的一支曲子。对于唐玄宗来说，杨玉环既是他的爱妃，也是他的寄托，他们共同的爱好促使唐玄宗认为生命中的每一天都值得深入讨论。此时，唐玄宗与杨玉环因为一个音调在那支曲子里应用的高低而争论起来。杨玉环坚持说此处用软一些的音较好，能为下面曲子的曲折婉转做好铺垫，而唐玄宗认为此处应该以高音结束，以便更好地表现曲子所要表达的意境。正当两人争得激烈的时候，唐玄宗看见高力士喜滋滋地从外面走了进来。

高力士一见唐玄宗，便说："皇上，奴才给您道喜。"

唐玄宗觉得奇怪，他对高力士说："力士，什么喜事啊？"

高力士答道："李相爷告诉奴才说，皇上一直想要的一件东西被他找着了，今儿要让皇上高兴高兴。"说罢，将携带的一只匣子呈给皇上。

唐玄宗觉得有些奇怪，于是便命人打开高力士呈上的匣子。匣子打开时，只见满屋似有金光闪了一下。唐玄宗来了兴致，于是走近，想探个究竟，结果他看到了一张古琴。

唐玄宗看到这张琴，欢喜异常。他也马上忘了跟杨玉环的不快争论，因为他立即想到了这张琴的故事，以及这张琴的来历。

"爱妃，你过来看看。"唐玄宗对杨玉环招手。

杨玉环也觉得奇怪，什么东西会让一个皇帝如此高兴呢？杨玉环走上前去，低头朝那匣子一看，与唐玄宗的反应不同的是，杨玉环立马"啊"的一声就叫了起来。

"果然是真正的稀罕物！这张琴是怎样得来的？"杨玉环忍不住问高力士。

高力士道："是李相爷从民间千辛万苦地觅了来送给皇上的，李相爷说皇上看到了一定会欢喜的。"

其实高力士不用问，他就从唐玄宗和杨玉环的表情中看出来了，这张琴，李林甫是送对了。他心里不由得生出一阵难言的嫉妒，因为在讨好唐玄宗和杨玉环的举措上，他与李林甫总是半斤对八两，有时候他能赢，但大多数时候却是李林甫赢。可见对唐玄宗来说，奴才与奴才之间，也有高低之分啊。但高力士将这些统统压在心底，他又问贵妃："难道贵妃娘娘也极欢喜吗？"

贵妃瞥了高力士一眼，"如是世间凡物，那也没什么稀奇，但如果是凡间神物，那就不一样了。"

高力士问："怎么不一样呢？"

贵妃又说："凡爱美之人，总希望得到佳人，凡爱乐之人，幸福也许就是一张好琴。"说完，她又似无意地斜了唐玄宗一眼，又接着说："我如此，皇上也是如此。"

唐玄宗面带微笑，笑而不答。

看到唐玄宗和杨玉环都非常高兴，高力士觉得机会来了，他认为这是一个比较好的让皇上跟贵妃娘娘都高兴的机会。

高力士说："臣怎么认为这是一张普通的琴啊。"

奴才的可爱之处就在于有时候故作憨态，让主人高兴地显示其过人的才智。

果然，唐玄宗不待杨玉环回答便抢先说道："力士，你眼前的东西是一件神物啊。"

高力士赶紧表示不懂，眼中的疑惑夸张地显露了出来。

杨玉环道："我幼年时跟一个琴师学琴，曾听到他谈起过这张琴。"于是便将这张琴的来历娓娓道来。

原来这张琴，乃是始皇帝手下的一个著名乐师高渐离所制，那高渐离是个奇才，精通音律。始皇帝曾命高渐离制出秦国的国歌，但高渐离并不喜欢雄浑的曲子，他喜欢一些怪异的音律，他所奏出的曲子，能吸引天下的百鸟围在他的身边。高渐离深爱始皇帝的女儿栎阳公主，因为栎阳公主也极喜欢音乐，他们因乐而生爱。可高渐离毕竟只是一个乐师，始皇帝当然不会答应他娶栎阳公主。高渐离伤心欲绝，每日沉浸在琴声当中，回忆他与栎阳公主在一起时的美好时光。

后来有一天，高渐离不辞而别，四处远游。他说欲制天下第一好琴送给栎阳公主，那琴必定是天下无双的好琴。高渐离遍游天下，足迹踏遍千山万水。后来听说他在遥远的海南岛觅得一棵千年木棉，要用千年木棉做琴身。其实大多数懂得古琴发音原理的人都知道，一把琴的制作，用桐木为最好。但高渐离卓尔不群，反其道而行之，他认为木棉才是天下包容音乐最佳的材料。高渐离取得木棉后，开始制作琴身。他每日必到深山之中采集树林中的雾气凝聚出来的水，再和鹿角灰混合而成漆料，琴弦是用上等的精钢拉拔而成。高渐离用了整整十年才制成此琴，可是他没有来得及亲手送给栎阳公主，就患疾去世。始皇帝派三千童子到海南岛寻找长生不老药的时候，在一个深山里发现了早已死去的高渐离的枯骨，费尽周折将琴带回秦国。那时栎阳公主已经华发早生了，她得到此琴后，见物思人，整日以泪洗面。传说那眼泪不经意地滴到琴弦上后，浸润了高渐离身上的灵气的精钢，竟然发出了天籁之音，此音穿过皇宫的上空，似与那星辰一道闪烁在银河之间。栎阳公主死后，这张琴也随其入葬。每逢夜晚，栎阳公主的坟头都似有美丽的音乐传出。

高力士听得入迷，又问杨贵妃："奴才孤陋寡闻得很，可是奴才又要请教娘娘，如此名贵的琴身上怎么似有断纹呢？"

杨贵妃笑道："你不弹琴当然不知断纹为何意了。凡天下琴师，必以琴身无断纹为憾事。"

高力士原本只想讨好贵妃，没想到不但开了眼，而且饱了一顿耳福，又听得贵妃讲了一大串关于琴身断纹的说法。

杨贵妃说："断纹是判别琴质高低的一个显著的标志。"

高力士表示不解。贵妃嫣然一笑，命人打来水，净了手，又焚了炷香，然后极其小心地把琴从匣子里拿出来，对高力士说："阿翁看仔细了。"．

高力士凑过来一看，却看到古琴身底也布满了奇怪的断纹，有的似飞龙穿云，有的似腾云驾雾，有的又似鹿角。

高力士道："怎么断纹有那么多啊？"

贵妃说："你又不懂了，断纹越多，琴越名贵。一张好琴，要从四个方面判断，这四个方面就是材、质、音、形。"继而又说："你看这琴身，因为岁月久远，又因木棉遇气纳气，琴身才会显得暗红。"

唐玄宗突然问李林甫是如何得到这把古琴的。

这个问题把李林甫问愣了，因为他只顾得意，事先竟没有想到皇上会问这个问题。他在暗暗懊悔之余，只好把这把琴的来由如实讲给皇上听，但他隐瞒了是安禄山送给他的礼物，只说是安禄山晋献给皇上的。

"安禄山除了会统兵打仗外，还有如此雅兴，替朕寻找到这把好琴，看来，安禄山很为朕着想啊。"

"是的，臣听说安禄山节度使对皇上一片忠心，只要皇上喜好的，他都竭尽所能地办到。"李林甫乘机也卖个人情，不辜负平日收了安禄山那么多的礼物。

"李爱卿，安禄山既是一个勇猛刚强的武人，又难得有如此雅量，朕倒很想见一见他。"

"我听说安禄山节度使也早想进京面见圣上，叩拜圣恩。这都是皇上的英明之举，让胡人当上节度使，才使得他们肝脑涂地，一心效忠啊。"

唐玄宗被李林甫这两句话捧得晕乎乎的，于是下诏，让安禄山进京面圣。

安禄山接诏后，心中兴奋异常，想不到在短短时间内，好运不断，先是荣升为范阳、平卢两镇节度使，外兼柳城太守，押两番、渤海、黑水四经略使，现在，皇上又下诏让他进京面圣。如果说前一个是实际权力的扩充，那么后一个就是无比的荣耀。并不是随便哪一个人都有这种荣耀的，这说明他已经被皇上所注意、所喜欢、所宠爱，以后的路会越走越宽广。

长安的秋天，硕果累累，街市鼎沸，一片升平景象，其繁荣自然不是范阳边庭所能比的。这些年来，安禄山变了，京城长安也变了。安禄山变富态了，长安也变得更繁华了。他进京面圣，有大好的心情要好好看看京城景色。安禄山入得京师，立即就向吏部递交了奏章，余下的就是等待皇上的召见了。

闲来无事，安禄山便在长安城内溜达起来，中原的一切都使安禄山感到十分新奇。一天，安禄山身着便服，带着几个随从在街上随便行走。路过一个测字摊时，觉得十分有趣。因为安禄山的母亲曾是一个巫师，安禄山从小耳濡目染，便也对这等迷信之事有几分相信。他先是站在测字先生的旁边看了一会儿，听其所言，似乎不算是高手，于是便又朝前走去。到一家酒楼要了一壶酒、几样小菜，之后便倚在窗前一边喝酒，一边看着街下的行人，他对中原的好感与羡慕又多了几分。

正喝得起劲时，忽听一位女子的声音在耳边响起。安禄山回头看去，见一个拉琴女子身边伴着一位老者，老者似乎眼睛已瞎，视物不见，目光空洞。

只听那女子道："大人想听曲子吗？"

安禄山说："我不太懂这些，你如果高兴，就拣两支自己拿手的曲子唱吧。"

女子与老者点头称是，于是便立在一旁唱起来。女子的唱腔委实不错，曲折之处不失婉转，清越之处又似林中鸟鸣唧啾。

一曲唱罢，安禄山便对二人道："这支曲子叫什么名字，竟这般好听？"

女子答道："刚才小女子唱的那支曲子，其实是出于宫中的。"

安禄山一听出于宫中，顿时来了精神，想到平日里听到皇上是大唐最爱音乐的一个皇帝，心想必是唐玄宗所制的曲子。他心里想着，便说了出来："听说当今圣上通晓音律，莫非是皇上的作品吗？"

女子见这人憨厚得可爱，不由得笑出声来，说道："你果然不知道长安的音乐，小女子刚才唱的这支曲子，其实不是皇上作的曲子。"

"那是谁人所作？"

女子说："其实这支曲子叫作《凉州曲》，是当今圣上最宠爱的贵妃娘娘所作。"

安禄山听了，颇觉意外，问道："当真是贵妃娘娘作的？"

女子点头称是。

安禄山大奇，顿时心生佩服。怪不得平时老听人说，自从这唐玄宗得了贵妃娘娘，整日伴着贵妃娘娘，连朝都懒得上，每天都是笑容满面的，这一对琴瑟相偕的恩爱之人想必是天造地设的一双了。想着想着，竟为之神往，不知此次进京，是否能见到这位美貌无比的贵妃。

女子见安禄山又露出憨态，便又对安禄山道："大人还想听哪支曲子，小女子都可以唱的，只是希望大人不要见笑才好。"

安禄山知道自己不是爱好风雅之人，对音律更是不通，与这些情调高雅的曲子相比，他还是爱听那军鼓之声，觉得昂扬振奋，可是这些，又怎么能跟她说呢？便讪然对女子笑道："我不懂这些，既然如此，还将刚才那支《凉州曲》再唱一遍听听吧。"

安禄山说完，老者操起琴来。随着铮铮淙淙的琴声响起，女子又将刚才唱过的《凉州曲》唱了一遍。安禄山仔细听着，发现确实是一支好曲，曲子虽然遍布欢乐，但在某些不易察觉之处，他竟能从中听出一丝哀怨，曲子让安禄山为之神往。

听着听着，安禄山突然呆住了，他内心轰的一声响了一下。他记起有一天好像也在哪个地方依稀听过这种声音，可是到底在什么地方听到的，他却一点儿也想不起来。

安禄山听女子唱完，从锦袋里掏出一锭银子交与女子。女子惊道："大人给得多了。"安禄山手一挥道："听你唱歌，真是享受，银子算得了什么呢！"

听安禄山如此一说，女子与老者才知今儿交了大运，遇着真正的贵人了，于是千恩万谢，临走时还问大人贵姓。安禄山也不计较，对女子说了一个"安"字，便起身离去。

终于到了皇上要接见安禄山的日子了。这一天，他早早来到宫外等候。在宫门外，别的官员们见安禄山肥硕无比，块头魁梧，心中都暗暗称奇，但也不知安禄山什么来头，暗地里笑他的体形。安禄山见那些官员里面并无熟悉之人，也不搭讪。

时辰到了，宫门悄然洞开，出来一个面色苍白、毫无表情的宦官，众人都噤了声。只见宦官细着嗓子高声对官员们说道："宣范阳、平卢节度使安禄山见驾！"安禄山赶紧应了，便跟着宦官一道入宫。众人听到此人便是安禄山，都道人不可貌相。

安禄山随着宦官在宫中四处穿行。宦官在前面走，安禄山紧紧跟着，生怕掉了队，因为他眼中的这座皇宫，简直如同迷宫一般。虽然安禄山也是见过大世面的人，但到了这座宫殿里，却也是眼花缭乱，心里暗暗称赞皇上的奢华和皇宫的气派。

须臾，宦官将安禄山领到一座金碧辉煌的大殿前，不一会儿，皇上便宣安禄山进殿。安禄山赶紧拍拍衣服袖子，其实这是新做的朝服，哪里又能脏了，这只是对皇帝的敬畏之心使然罢了。这么多年过去了，虽然时常接到圣上对他的赐封，但是对于唐玄宗的面容，安禄山心里竟然也是一团模糊了。

安禄山走上台阶，进入殿门，不敢抬头，眼角余光远远瞥见有一人端坐在一座宽大的椅子上面，心想这便是当今圣上了。殿内静寂无声，沉默如山一样朝安禄山压过来。安禄山在这种气氛当中愈加紧张，似乎能够听到自己的心跳与呼吸，但此时，已容不得他

第四章 祸起萧墙，人生处处有危机

205

再想什么。他走上前去，对着殿内正中高高在上的那团暗影深深伏下身去，口中高呼："臣安禄山叩见皇上，愿吾皇万岁万岁万万岁。"

唐玄宗眼见一人低首朝他而来，因为光线的关系，看得不很真切，却见这人不像多年前看到的那个高大魁梧、英姿飒爽的将军，倒像一个发了横财的豪绅。看到安禄山肉团一样伏在地上的样子，唐玄宗心里不由得有一点失望。

"安爱卿平身。"

安禄山谢过恩，双手垂立在一旁，等着皇上问话。

唐玄宗照例还是问一些安禄山能够对答的军中之事。对于这些事情，安禄山再也熟悉不过，于是原原本本、条理清晰地奏与唐玄宗听了。唐玄宗听着，觉得这安禄山奏事条理清晰，口齿简洁清楚，而且神态极为从容，失望的感觉便淡了一点。

接着，他又问道："安爱卿吃过了吗？"

安禄山原本以为唐玄宗又要问什么话，正在心里仔细琢磨，没想到唐玄宗会问他这个，一时急道："回皇上的话，臣昨日高兴，吃得饱了些。今日知道圣上要见我，心里一高兴，连准备的早餐也忘了吃。"

唐玄宗一笑，顿觉这安禄山直爽、淳朴得可爱，自己本是随口一问，他却是认真一答，便命人给安禄山赐食。不一会儿，宦官端了一些早点呈与安禄山。安禄山也不称谢，三下五除二地将那些东西全吞下了肚。唐玄宗在龙椅上看着好笑，便道："饱了吗？"

安禄山答道："谢皇上，臣已经饱了。"模样甚是憨厚老实。

对话中间，安禄山已经抬起头来。他看到皇上脸色红润，不像是60多岁的老人，精神很好，特别是那双眼睛，慈和中又透出一股威严，让人不敢仰视。

唐玄宗已经多年没有在宫中看到这种说话做事都由心而生的人了，他当下便高兴起来，道："你刚才说你昨天非常高兴，是什么事让你这么高兴？"

安禄山于是将昨日在酒楼上面听《凉州曲》的事原原本本地说了出来。

唐玄宗一听民间居然这么喜欢杨贵妃作的《凉州曲》，不由得龙心大悦。他心里高兴，不免话就多了一些。他问安禄山一路来京，路上可曾遇到什么奇异之事，请他讲来听听。

安禄山似乎不假思索就讲了一个奇事，说他来京时，营州正逢虫害，蝗虫几乎都要把禾苗吃光了。他见了这种情景，忧心如焚，焚香祝天说，若是臣居心不正，事君不忠，愿意让虫食臣心，而不要让虫食禾苗，侵害到百姓。如果不是这样，那么希望神只把虫驱散去吧。祝祷刚完，即刻有群鸟从北方飞来，把遍地蝗虫吃得精光。他还说，此事确凿，当地史官记有此事。

说话间，杨玉环来到宫中，为大家献舞。

杨玉环的美貌令安禄山垂涎，杨玉环的舞姿更让他神不守合。在安禄山的眼里，杨玉环简直不是在跳舞，而是在云中漫步，在花间徜徉，说不出的风情万种，道不完的风韵神采。他看得目也直了，眼也花了。在他眼里，杨玉环稍显丰腴的身体一点也不累赘，却是那样轻盈活泼，扭身转腰，宛如行云流水，云舒水泻。随着杨玉环的起起落落，安禄山只觉得自己心里有一根线被她牵着，也随之上上下下，说不出的舒服畅快。直到杨玉环收势回坐，他还久久盯着场中，还在回味着她的倩影美姿。

"安爱卿，你觉得贵妃舞得如何？"

皇上的一句话，把安禄山从梦中惊醒，他"啊"了一声才似醒来，忙不迭地夸道："美，美，太美了，臣今天真是大开眼界。贵妃前世一定是天上仙女，不然哪能跳得这样好。"

这席话又引起一片笑声。要是放着别人绝不敢这样讲话，而且皇上非怪罪不可。但安禄山不同，他是胡人，在唐玄宗的心目中，他远离中原，礼仪疏忽，似乎就应该这样讲话才对。其人虽然粗俗，但直率坦陈，别有一股让人喜欢的味道。

笑声还未落，安禄山又说道："陛下，看了贵妃的舞姿，臣也请舞一曲，为陛下和贵妃添乐。"

"噢，安爱卿也会跳舞吗？你会跳什么舞？"

"臣请为陛下和贵妃娘娘跳一曲胡旋舞。"

安禄山这话才一出口，众人的笑声更大了，大家没有想到他会自请跳胡旋舞。胡旋舞要求舞者轻盈灵巧，好快速旋转。他这样一个大胖子，肚子又这样大，要是跳起胡旋舞来，不知是个什么样子。

杨玉环笑得花枝乱颤，她作为一个胡旋舞高手，实在难以想象安禄山若是跳起此舞来，会滑稽到何种程度。

"好，好，安爱卿就请下场表演吧。"

安禄山站起来，把腰间的皮带又紧了紧，好让大肚子往上提提。皇上命乐师奏一段旋律快的乐曲。只见安禄山走到场内，先是轻抬手臂，缓伸两足，从慢拍开始入舞。

看了安禄山开头两个动作，杨玉环心里有了点兴趣。原来她从他这几个不经意的动作中看出安禄山是有舞蹈功底的，这两下动作，不仅暗合音乐节拍，而且还有着经常跳舞之人的娴熟。唯一不协调的是他硕大的肚子，他一动起来，不像是他一个人在舞，而像是抱着一个大圆球在舞，这让她忍俊不禁。

随着音乐节拍的加快，安禄山也快速旋转起来。开始大家还能看到他转动的身影，慢慢地，他的身影越来越快，越来越模糊，最后就像一只陀螺在场中旋转，他的头和脸，包括那个大肚子全都看不到了。

安禄山毕竟有着胡人的血统，善舞胡旋仿佛是他与生俱来的天赋。看他的舞姿，正如一首诗所描述的：

心应弦，手应鼓。

弦鼓一声双袖举，回雪飘摇转蓬舞。

左旋右旋不知疲，千匝万周无已时。

人间物类无可比，奔车轮缓旋风迟。

第五章

马嵬身死，此恨绵绵无绝期

　　"安史之乱"后，唐玄宗接受了高力士的劝言，为求自保，不得已之下，赐死了杨贵妃。杨贵妃最终用唐玄宗所赐的白绫，缢死在佛堂的梨树下，时年 38 岁，这就是白居易的《长恨歌》中的"六军不发无奈何，宛转蛾眉马前死"。

乱世朝廷，风烟尘土

"安史之乱"发生后，朝中少数权臣也想在此时乱中取势，皇太子手下的一群官吏也希望皇帝出征，从而将权力移交给太子，以便自己能取得理想的官位。

焦头烂额的唐玄宗面临着四面楚歌的苦境。天宝十四年十二月十五庚子日，即洛阳失守后的第四天，唐玄宗再次下诏，决意亲征。

皇上在诏文中明确宣布：

皇太子亨，仁明植性，孝友因心……宜令太子监国，仍即亲总师徒，以诛叛逆。取今月二十三日先发，所司准式，务从省便，无使劳烦。

这道诏书与十二月初七所颁亲征诏书不同的是，它明显吐露了让位于太子的心声，对太子进行了赞美。亲征时间虽与第一道亲征诏书没有区别，但时局却大不如前：洛阳落难了！

在重议亲征诏书之前，唐玄宗还任命了第十六子永王李都为山南节度使，以江陵长史源洧为其副使。又命第十三子颖王李激为剑南节度使，蜀郡长史崔圆为副使。实际上，二王并不出山，副使全负其责。这样任职授官的目的，唐玄宗是想加强后方，保障西南安定，以备京师被攻破时，有路可赴蜀地。这些计策，多出于杨国忠、虢国夫人和杨贵妃三人的建议。设置山南节度使，使江淮租赋由荆襄输入关中，经历史事实证明，最终对平定"安史之乱"起到了重要作用。

闻听皇上不容驳回的亲征诏书，杨国忠等人尽管不愿意因此而使太子监国，可面对"逆胡横发"、朝野惊恐的现状，他们也无可奈何。

退朝后，杨国忠还想对皇上表白些什么，可唐玄宗早就看出了他的心思，首先开口说道："朕在位五十载，倦于忧勤，去秋已欲传太子，值水旱相仍，不欲以余灾遗子孙，淹留俟稍丰。不意逆胡横发，朕当亲征，且使之监国，事平之日朕将高枕无为矣。"

杨国忠听了这番话，顿时张口结舌。他感受到皇上与太子之间的骨肉亲情，而自己为大唐献策理政、征赋纳税辛辛苦苦，却好像是个朝廷的局外之人。思前想后，杨国忠觉得，安禄山得势，自己必然死于乱兵的刀下；皇太子即位，也不会再有昔日我杨国忠的相位。杨国忠第一次感受到了无限的凄凉，他似乎觉得自己不是一人之下、万人之上的大唐右相，而是一只任人拨弄抽打的马球，又像是在酒馆中酒足饭饱之后，却付不起酒钱的无赖汉，被店主催逼，被旁客冷笑，被众人哄出了店门。

唐玄宗见杨国忠低头不语，便语气沉重地说："国忠，你说朕的做法对吗？"

杨国忠无意识地答道："对！对！圣上明智，为国为民。"

杨国忠彻夜难眠，他再次去找虢国夫人，企图通过杨贵妃阻止皇上传位太子，但战事的急剧变化，使杨国忠的企图再也无法成为现实了。

从朝廷慢步移回花萼相辉楼的唐玄宗，心情更有一种说不出的悲凉滋味，他回想起大唐王朝历代君王中，除了高祖主动逊位让贤于太宗李世民外，还没有一个皇上被迫禅让于太子的。自己在位半个世纪，大唐也可谓蒸蒸日上，国力强盛，繁盛至极，无论将相或臣民无不称之为"开元盛世"，可今天却因安禄山这个边疆番将发动叛乱，而落得个两次颁诏、亲征讨逆、不得已而禅位的地步。唐玄宗不免心酸，回到楼上一见红装素裹、美如天仙的杨贵妃，便两眼昏花、老泪纵横起来。

杨贵妃不知皇上又为何伤心，禁不住也和皇上一道呜咽起来，女人的心比男人更脆弱。从安禄山起兵那天起，她自己早已负上了宠爱叛逆元凶的罪责；同时也因杨国忠是其堂兄，安禄山叛唐意在讨伐杨国忠，而使贵妃背上了洗刷不掉的污点。连串的打击使她心力交瘁，她在想，皇上落泪一定是因前线战局更加不利，或许潼关危在旦夕。

更为甚者，她和皇上相处的近40天来，从未见过皇上再露笑颜，还吃不下、睡不着，眼见着这位70多岁的老人一天天憔悴和消瘦，走起路来都有些颤抖，上楼竟要几名侍女搀扶。今天再看到他伤心落泪，贵妃如何还能有言劝慰？又如何不和他一起哭泣呢？

正在唐玄宗与贵妃搂作一团、失声哀泣之时，高力士上楼来见皇上和贵妃。

唐玄宗止住了悲哀，杨贵妃离开皇上去屏风后面洗脸，但她的泪珠却总也收不住，因此对皇上与高力士的对话，她一句也没听进去。

"力士，你侍奉我多年，今日看来，我这把年纪了，我们将要分手了。"唐玄宗出此凄凉之语，连高力士这个彪形大汉也为之动情。高力士不等皇上继续说下去，便止住皇上的话说："陛下不要过于悲伤，我大唐江山毕竟是一百几十年的基业，人心向背，皆朝大唐，安禄山不过是只识弯弓之辈。别看他一时难制，只要我军将士全力征讨，不久便会看到胡逆的灭亡之日。皇上欲亲征，老奴我必然同往，为陛下保驾护辇，共赴战场！"

高力士的决心之大、语气之坚强，本该对唐玄宗有所鼓舞，可皇上还是长叹了一声："你也老了！"接着又是一声慨叹。

杨贵妃自屏风后走出来，见皇上如此的悲叹，便不顾力士在场，一下扑到了皇上的身上。贵妃双手紧握住皇上的肩膀，语未出口，又哭出声来。

高力士见状，扑通一声跪倒在地，想请皇上和贵妃振作起来，告诉他们，事到如今，只有重整旗鼓，全力灭贼，可高力士一句话也说不出口。

唐玄宗明白高力士的意思，他让贵妃坐在旁边的木椅上，又命高力士平身，自己再度收敛情绪，徐徐说道："力士的话对，大唐虽一时蒙难，尽失河之南北，但我们尚有西北、南方和京师之地，潼关天险，高仙芝必能守住。力士，你筹算一下，我们若三日后出师，可集中多少兵将？"

高力士本来就是要向唐玄宗汇报亲征兵员的，只是现在才提到正题。

"陛下，若二十三日出师，大致有4万人马可以随驾。"高力士的回答不是近日所集兵力，而是要等到二十三日。

在皇上与高力士对话之时，杨贵妃走到紫檀木椅旁刚要落座，突然心里一惊，马上离开木椅，又去了那描龙画凤的黑漆屏风后面。原来，贵妃看到了木椅上有一块安禄山所献的牛毛毡垫，垫上还绣有一对盘咬着的花蛇。

对于杨贵妃的举动，唐玄宗与高力士丝毫没有发现，他们仍在继续高谈出征之事。

"陇右、河西兵马是否已有两支集于京城东门？"皇上问道。

"总共12000人。这两支人马当有2万左右，可班师途中，已有几千人溜掉。近畿兵马已集15000人，加上皇城内外禁卫军士，可调出2500人。再加新征选的长安、万年县兵士近万人，不足4万，其余兵马近日内难以再集。"力士掐指计算着。

唐玄宗感到有些茫然。

高力士又解释道："对兵员之数，圣上不必过于担忧，昨夜韦见素左相见我，他说亲征诏书中讲的是'先发'，这可作两解：一是皇上亲征先发，四方兵马随至；二是亲征军先锋先发，师出之后，还可再征些兵员。老奴以为，一旦亲征，必大长唐军士气，灭安匪威风，也许敌前敌后一鼓作气，就可尽剿叛贼。"

唐玄宗说："但愿如此吧！"

屏风背后的杨贵妃听到高力士说要让皇帝先发，便急忙跑到皇上面前，请皇上不要充当先锋，要指定先锋官，皇上也可以亲征而不发。

"让我想想再定。"唐玄宗的语调极为低沉。

"陛下，是不是召宰相来商议一下前锋官的事？"高力士这话是针对贵妃的请求而说的。

唐玄宗是个做了40多年皇帝的君主，对政治斗争、军事征战并不陌生，就安禄山叛唐一事而言，唐玄宗本不该如此疲惫不堪，以大唐之兵扫平叛贼，更不该如此费力。但安禄山叛军来得太突然、太迅速，唐玄宗完全没有思想和物质上的准备，起初又未能充分估计安禄山敌兵的厉害。

安禄山的叛乱初起，唐玄宗未十分重视，等到洛阳失陷后，唐玄宗才真正感到了问题的严重性在于它将倾覆大唐，非动用全国兵力平叛不可了。

亲征的决策定下之后，唐玄宗每天召见文臣武将议事任职、加紧部署，同时每日听前线的战报，有时则是一天两三次。

在慌乱的任职、闻奏、决策之中，唐玄宗难免有疏漏，铸成大错，给本该好转的形势带来了不可挽回的损失。

封常清尽管在平叛中屡遭失败，未实现请战时许下的10日内平贼的诺言，但他仍不失为一名累日血战的勇将。在洛阳失守后，封常清建议放弃陕郡、退守潼关也是从现实出发的，即为了保存实力，占领要塞，以保唐都长安。

退至潼关之后，封常清多次遣人到长安朝廷，送来奏表，表述赤心，但唐玄宗不顾唐军失败主因，却对封常清的上表不作回答，而且多次痛斥封常清的无能。不久，封常清从潼关亲自赴长安，要向唐玄宗表白，一定万死不辞，报答皇上的恩宠，同时认真地向皇上陈述安禄山叛兵的形势，以及讨贼的上策良谋。但唐玄宗却不想见这个败师之将，连京城长安都不让他进。他刚到渭南，皇上使敕令其返回潼关，并削其官爵，以白衣即平民身份效劳于高仙芝部下。

对朝廷一片忠心的封常清，深知唐玄宗绝不会饶恕自己，便在含泪回潼关后，写下了饱含衷情的"遗表"，表中说："若有一日，皇上赐我死罪，我终仰天饮鸩，但我还要向皇上进言平贼之策。我会成为直谏之臣，圣朝之鬼，如果我死后还有知觉，一定要结草军前，回风战场，率王师旗鼓，讨平逆贼。"

在封常清写下"遗表"的同时，唐玄宗派边令诚去潼关任监军。边令诚对高仙芝、封常清的不战而退、守关不出大为不满，他认为高、封畏敌如虎，畏缩不前，不断向朝廷发去奏本。奏本之中，每次必对封常清败状大肆渲染，而对封常清"杀敌塞路"的血战之功却只字不提。边令诚甚至造谣说"封常清以贼惑众，高仙芝弃地数百里，同时盗减军士口粮"，闹得人们把安禄山叛乱夺城略地的罪恶都归在了封常清和高仙芝头上。

与奏章相反，不仅封常清是个勇直之将，高仙芝也同样是个功勋累累的元帅。在西北边疆的征战中，高仙芝一贯身先士卒，英勇无畏，曾在与敌人的血战之中，夺得名马宝玉、真金骆驼，可有人却说高仙芝贪求宝货。其实高仙芝绝非贪婪小人，而是个慷慨的散施者。高仙芝常以其家财，尽施贫人；凡有求者，他无不让其满意而归。高仙芝与封常清在军士与百姓中享有很高的威望，他们不仅不曾扣减军士军粮，还曾以自家钱粮分与士兵及其家属。

边令诚此时公报私仇，挑拨是非，实欲非置高仙芝等人于死地不可。话说七年前的腊月初八，高仙芝率西北蕃汉兵马，大破土蕃之兵，俘获三千敌人，缴其全部贵重物品，宝马、名车、珠宝、裘皮衣帽不可胜数。唐玄宗得到喜讯，马上传令高仙芝入朝，准备为高仙芝盛宴庆功。高仙芝入朝后，向皇上报告了战争盛况以及取胜的策略，皇上十分高兴，当场令禁军将士以高仙芝为榜样，保卫大唐江山。在场禁军将领中，就有一位边令诚，他负责接待高仙芝这位来自西北的边将。边令诚看到高仙芝带来了许多的珠宝器物，十分眼馋，他不顾脸面，开口向高仙芝索要。高仙芝痛斥了边令诚这个小人，并将所获战利品全部交给了中央的度支部，为此，边令诚与高仙芝结下了不解的仇怨。现在，边令诚则以高仙芝、封常清退守潼关为理由，诬陷高、封二将临阵脱逃，失律丧师。

边令诚当时的身份是潼关前线的监军，他目睹了高仙芝、封常清曾英勇杀敌，也明白退守潼关意义重大，是个万全之策，可他为报昔日的旧仇，竟避口不言高、封的战功，而只是竭尽全力状告高、封在陕州的溃败。边令诚为了使皇上相信他的话，又去找杨国忠。边令诚对杨国忠说："杨贤相，高仙芝与安禄山同为边将，皆为蕃人，他与封常清在陕州不死抗安禄山，却要合为一军，退至潼关，这高、封二人是否有拥兵自守之嫌，或许他们与叛贼安禄山合谋为奸呢？请杨贤相向皇上奏明。"

杨国忠自知在朝中专权，不少将臣们不满意，高仙芝即其中之一。封常清是高仙芝的旧将，因此，杨国忠就把封常清推为平叛的先锋，也好使他们两败俱伤，打击高仙芝。现在，杨国忠听说高仙芝与封常清合军后驻守在潼关，便十分害怕他们拥兵自重、威胁自己，于是，杨国忠也想加害于高、封二人。但又怕皇帝怪罪自己推荐了连有败绩的封常清抗敌，因此他先呈上封常清的陈情书——《遗表》，以探皇上的口风。

唐玄宗并不细看封常清的上表，也不论杨国忠的态度如何，只是依据《唐律》，下诏高、封二人丧师当斩。

边令诚再次从兴庆宫乘车至潼关，以监军身份向高仙芝、封常清宣读圣旨：

高仙芝、封常清辜负我大唐圣恩，于国不忠，治军无方，讨逆无效，在叛贼面前一味退缩，致使军士大减，军心动摇，丧失东部、陕州，威胁京师。且高、封二人，贪私成性，克扣军粮，罪不容赦，今指令监军边令诚驰至潼关，斩高仙芝、封常清，以严肃法纪，振我军威，鞭策前线将士英勇杀敌……

圣旨读完，封常清仰天悲叹："臣常清无能灭贼，死也甘心了。"说罢被边令诚所带的禁军卫士就地捆绑，推至潼关驿南西街处以斩杀。其尸体长时间陈列在芦席之上，暴露于外，无人敢于收殓。

高仙芝巡视完前沿阵地的工事之后，回到潼关驿站指挥所，刚一迈进厅堂，立刻被边令诚带来的百余名"陌刀手"绑缚，边令诚随之令高仙芝跪听圣旨。高仙芝怒视边令诚，死也不跪，当边令诚宣布处高仙芝死罪时，高仙芝的两只眼睛都要蹦了出来，他只是一个劲儿地大骂："边令诚你是个奸臣、小人，至死我也要骂你是个奸贼！"

边令诚不顾高仙芝的咒骂，令人将抄写好的圣旨张贴于大街小巷、军营内外，高仙芝被带到了封常清被斩杀处处决。

面对封常清的僵尸，一代名将屡立战功、威震敌胆的高仙芝禁不住泪流成行。他百倍的愤慨全部化作了悲戚，当着士兵和众多百姓的面，大声哭道："封二啊封二（封常清兄弟中排行第二），你从微至著，是我一手擢拔，先为小判官，后为节度使，今日与我同死，这也是命当如此吧！"

说罢，又转身对边令诚及"陌刀手"呼叫道："我退而不战，既然为罪，死亦也罢。然告我减截兵粮、赐物，实为天下之奇冤！"随后，高仙芝从容就斩，时间是十二月十八日。

潼关的校尉士卒，素爱高仙芝，当高仙芝被杀后，群情激愤，大呼冤枉，其声震天地。

皇宫中的唐玄宗，觉得杀了败将高仙芝、封常清，便会士气大振，军容大整。可他也很明白，高仙芝、封常清是难得的将才，曾经为大唐立下过汗马功劳。但今日军情特殊，不得不杀一儆百，使唐朝官军无往而不胜，战无不克。

唐玄宗让使者唤来杨国忠，亲自嘱咐道："封、高二人的家族，你须优于抚恤；他们所统之兵，也须好生抚慰。"唐玄宗又用商量的口气说："国忠，你看潼关之兵由谁继统为好？"

杨国忠默然，过了一会儿才回说："臣下尚未考虑成熟，还是由皇上定夺吧。"

唐玄宗说："那好，我想让哥舒翰任前线先锋官，你说怎么样？"

"十分合适。"杨国忠刚说出的话又转了个大弯，"不过哥舒翰正在家中养病。"

"据西平郡王府的人说，哥舒翰的病并不严重，想必可以入朝。你先去召他上朝，再论统兵之事。依朕所见，只有他能与安禄山匹敌。"唐玄宗十分肯定地说。

"哥舒翰在军中的声望也最高。"杨国忠附和着回答，杨贵妃也出来表示赞同。

杨贵妃其实并不了解大唐的将领到底谁能征、谁能守，但她只希望能有人替皇上打先锋，不让皇上出宫就行。一旦皇上离宫，贵妃将有不复再生之感，那将意味着灾难和末日的来临。

"哥舒翰的河、陇之军如何？"唐玄宗问道。"河、陇之军向与安禄山三镇之兵不合，他们得知安禄山叛唐，个个摩拳擦掌，决心平乱安国。"杨国忠回答时神气十足，又表现出了安禄山叛乱之初他推荐封常清时的轻敌情绪，唐玄宗显得有些不耐烦地皱了一下眉头说："我问你河、陇军何时到达京师？"

"番将火拨归仁部，依程明日达咸阳，余部今日达富平。臣已下令，命其渡过黄河，集中于渭南，先不要来长安，以防安禄山把注意力全部集中在京城。因为安贼若称王天下，必尽灭朝廷之主力，朝廷主力不在京城，也可缓解长安之危。"

"这样安排较为妥当，两支军可有多少兵士？"唐玄宗又问。

"若全部到达，可集12000人。"杨国忠答道，他觉得皇上肯定早已忘记了自己曾经的报告了。

唐玄宗自有打算，他准备留住这1万多河、陇之兵，以备自己不得不亲征时再用。因为唐玄宗也明白，宫中禁军是些仪仗之兵，不习战争，人数虽多，并不顶用。新征军未经训练，也非战争的主力，而陇右、河西之军长期护边，又驻扎于风寒之地，能吃苦，会打仗，自己身边必须有一支这样的护驾之旅。

唐玄宗与杨国忠合计完兵力及部署之后，在杨国忠的陪同下，在朝堂中接见了三天前任命的山南节度使永王李玼和剑南节度使颖王李璬，被接见的还有他们的副使源洧和崔圆。

唐玄宗开门见山地说："现在战势严峻，京师受危，国难临头，你们身为使职，必全力效忠。两位副使明日离京赴任，快速做好战斗前的准备。两位番王更要保家卫国，万死不辞，但目前要暂住京城，留作他用。请各自表态。"

节度使及副使们能有何态可表？皇上的话有谁敢当面不服从？

就连安禄山在反叛之前不也是一个劲地在皇上面前讨好吗？两位藩王不用说是愿意留京的，这样既有了使职的俸禄，又不用负使职之责，还可以长住首都王府，这不是三全其美吗？精明的副使源洧和崔圆，更是愿意马上离京赴任，虽然他们免去了赴任新职前的一个月假期。因为他们清楚，安禄山在潼关大兵压境，河南、河北已尽为安禄山所占，京城已危在旦夕，而山南和剑南之地，至今仍未遭兵火，即使长安失陷了，那里还是个安身之地。

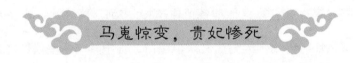

马嵬惊变，贵妃惨死

天宝十五年六月十二日，唐玄宗在勤政楼召见百官，宣称他已决定御驾亲征。

命京兆尹魏方进为御史大夫兼置顿使，让他为"亲征"做后勤安排。任命京兆少尹崔光远为京兆尹，充西京留守，以宦官边令诚掌官宫闱管钥。同时令剑南节度使颍王李璬立即赴镇上任。

散朝以后，唐玄宗在后宫召见儿子颍王李璬。唐玄宗拉过儿子坐近一些，说："你去准备一下，今天就走！我已准备西狩巴蜀，暂避贼锋。这个你不要同任何人说起。你的责任重大，剑南一道将会成为复兴的基地，你可派特使轻骑先行，通知崔圆，让他整顿兵甲、储备粮帛用具，准备迎驾！千万不可出差错！"

"是，儿臣必将竭尽全力！"李琬下拜问，"父皇何时命驾幸蜀？"

"这个还不能确定日期——你去见宰相吧，有些事国忠会给你交代。"

李琬走后，唐玄宗命高力士召龙武大将军陈玄礼入觐，商议随驾幸蜀的警卫、车骑等事宜。

陈玄礼报告，禁军有骑兵3500人，闲厩有马900匹，已悄悄集中，可以随驾西行。

"这么少吗？"唐玄宗十分惊诧。

"陛下，飞龙厩骑兵360名已调出，由建宁王统领巡城，羽林军步骑1200人，已调出参加城防，金吾军由南衙……"

唐玄宗制止了他，苦笑道："我知道了，只好这样了。车辆再检查一下，马匹也要挑拣挑拣，还有各苑的守卫不能动。一定要机密，要做出御驾亲征，迎战敌人的样子，明白吗？"

陈玄礼答应着，他告诉皇上，护驾的龙武军人数虽少，但都是精选出来的，战斗力很强，他让皇上放心。

这时袁思艺送来了最新情况报告，由高力士转交皇上。报告说：安禄山的前锋将军崔乾绍占了潼关，但并未继续西进。

唐玄宗这才松了一口气，他问高力士："是不是再看一天？"

"不可，还是按原来的日期，明天一早走。"

"好，你去督促人搬运财物，不许惊动宫中的任何人！"

高力士走后，唐玄宗回到长生殿，他对杨玉环悄声说："已经决定，明天一早西行入蜀。"

玉环听了，愕然地看着皇上，半天没有言语。

此时宰相杨国忠进来，他向皇上请示说："陛下，臣请于今夜宵禁前通知诸王、公主、王公及郡王——有关官员！"

"不！"皇帝冷峻地说，"除直系诸王在入苑坊及有职司者外，其余诸人不能在今夜通知，明早我们出发后再行通知，以免人心涣散。今日一通知，明早必乱，路上塞满了人，我们会走不了！现在你去中书省去，传命京兆府，派人会同亲卫府郎将，清除东面道路，加派人员守通化、春明二门，做出我们要出征之状，再让长安、万年两县令，今夜留宿京兆府！"

杨国忠知道这是掩饰逃亡的手段，他应了一声，安排去了。

唐玄宗告诉杨玉环："你让人去通知阿忻与阿怡，还有谢阿蛮，别的还有什么人，你也想想！"

杨玉环默默点点头，洒下两行热泪。

她怏怏地走到窗口，看着熟悉的宫苑，伤心地想：明天走了，何日再回？

此时，夕阳西下，大明宫在燃烧的晚霞里像抹上了一层浓重的血红……

六月十三日之前，夜色未退，长安兴庆宫的空气格外清凉。慌乱了一天半宿的城里人此时都在酣睡中，但在长安城西北的禁苑中，五队兵马已整装待发，这便是大唐天子唐玄宗的左右羽林军骑兵，临时编成了五队，每队40人。

在唐玄宗与杨贵妃等人准备乘辇逃京的诡秘行动正在进行之时，天上下起了细雨，整个长安城一片阴沉。

和唐玄宗、杨贵妃一同准备离京赴蜀的人，比唐玄宗预测的要多得多，除了护驾的卫兵之外，又有杨贵妃的远近姐妹、皇太子及东宫的侍臣及差不多所有在京亲王、妃主、皇孙，仅皇孙就多达百人，此外还有杨国忠、韦见素、高力士、魏方进、陈玄礼以及亲近的宦官、宫人等。

以唐玄宗为首的皇亲国戚、宫人、武士们在久废不用的通光殿前简单地排列了出城的次序，便熄灭了通光殿的烛火，一行人西出禁苑延秋门，向渭水便桥出发了。

大唐皇帝唐玄宗今天的出逃虽然十分狼狈，但装出的却是一副出征的架势，连杨贵妃都认为他这样做实在是自欺欺人。

杨贵妃坐在御辇上的唐玄宗身旁，已没有了前几日的慌乱，她有的只是伤感。贵妃一是悲叹这繁华的京城即将留给叛军，说不定这精美的建筑会被安禄山付之一炬；二是伤感很多王公贵戚不知皇上已经离京，还有一些文武百官，甚至还要在叛军攻城时进行抵抗，但他们将会惨死在安禄山的屠刀之下……杨贵妃不敢想了，她不愿预想明日长安的火海和血河，更无法想象哪年哪月会重返京师，她只企盼自己马上随皇上到达成都。

高力士今天特别着了戎装，俨然成了一位骠骑大将军。从队伍集合时起，他就始终站在唐玄宗和杨贵妃的身后，随时听从他们的指令。

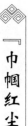
唐玄宗的右后方便是陈玄礼，这位全身铠甲的将军，手按剑柄，双目圆睁，格外威严，甚至连皇上也不敢与他言笑，而杨贵妃几乎不敢正视陈将军一眼。

与此不太协调的是杨国忠和太子的表现。杨国忠和皇太子相对活跃得多，他们跑前跑后，说笑自如，但这二人的心情却截然不同。杨国忠觉得皇上和满朝文武都未听信自己的预言，未能及时制止安禄山的谋反，又没能防止哥舒翰投降，致使潼关失守，威胁京城，杨国忠还沉浸在得意之中，无法自拔。

皇太子李亨却不然，他认为皇上用人不当，致使杨国忠专权，才有安禄山反叛，安禄山叛贼定当消灭，可专擅朝政的杨国忠也不当再留。眼下，皇上终于走投无路，无兵可守，只有逃跑一条路了，自己掌权称帝将是为期不远的事了。

看到杨国忠还在跑前跑后地指手画脚，陈玄礼将军心中很不舒服，他知道大唐遭祸至今，多半起源于杨国忠及杨氏家族在朝上和宫中的专权。陈玄礼恨不能抽出剑来，刺向那专权乱政的杨国忠，但眼下刚刚出发，不能擅动，唯恐影响了皇族离京。

正当唐玄宗的御辇驶出京城不到一里路程时，4名宫嫔跑步追了上来，她们当中就有贵妃最喜欢的阿蛮和静雯。谢阿蛮气喘吁吁地向皇上和贵妃报告："贵妃让我们通知的宫女现已不知去向，另有一班乐工正在后面步行追赶。"

杨贵妃没有回答，唐玄宗却大骂阿蛮："都这时候了，还要什么乐班？"

陈玄礼见状，一挥手中的马鞭，四名宫女慌忙闪到了一旁，皇上的御辇继续前进，前后左右围着卫兵。

天色渐渐地亮了，小雨还在悄悄地下，但唐玄宗出逃的队伍却越来越清晰了。从远处望去，队伍中共有8辆车乘，数百兵士有骑兵有步卒。唐玄宗的御辇前面，是一辆引车，引车两边各有8名骑兵、引车后是4名龙武军军官，骑着一色的高头白马，腰间挎着同样的宝剑。4名军官后，则是8名戈正、8名内侍宦官，导引着皇上和贵妃乘坐的御辇。御辇两旁，各有一队内侍，共计32人，内侍之外又有两队卫兵，全部执械步行。

在唐玄宗御辇的后面，有两辆备用车乘，另有4辆大型从车，备用车辆与御辇一样豪华，由四匹赤红色骏马拉牵。大型从车内装满了皇上和后妃使用的衣物及食用品，其中一辆车上还带有精粮和美酒，由于下雨，从车全部罩上了牛皮色的油布。

在大型从车后面，又是军士、步卒和骑士各有8排，并计200人。

这是皇上出京时的第一组编队。隔开这一队约半里地，便是皇上的侍者们，其中大约有十几辆车子，大小不等，队伍散漫地被夹在护驾的军士之中。步骑士卒虽多达400，但仍有前后无法兼顾的感觉，因为这群皇宫中的贵戚、命妇、宦官太乱了。幸亏有陈玄礼这样威严的将军不时从前面乘马返回训话，才使队伍得以行进。

早在出发前，陈将军就曾三令五申，车中之人不准向外张望，但因车骑太多，行动缓慢，出城门时天色已亮，皇亲们个个掀开车帷，观望城门，有的还大声哭叫，使宫门及城门守兵迅速得知了皇上及宫中之人已逃出城的消息，很快又将消息传播到了京城内外。

皇上的御辇出城半个时辰之后，高力士策马前来，向皇上报告："陛下，前锋军已过便桥，沿途秩序良好，无百姓拦阻。"

力士的话音很低，唐玄宗点头而已，然后便不自觉地回头瞻望身后的京城，心中忍不住一阵酸痛，两行老泪纵流下来。

皇上好像对力士"哦"了一声，高力士不知是否听见，但听他说道："陛下珍重！"又转向皇上身旁的贵妃说："请娘娘放下车帷。"

那杨贵妃并不知道前面还有先锋军开路，如今已过渭水便桥，她只顾向后张望，望兴庆宫，望大明宫，望那雨中依稀可辨的城垣。

唐玄宗转向贵妃呜咽着说："40多年的大唐天子，如今竟落到这步田地，难道这是对我的报应吗？唉，我的玉环！"杨贵妃靠向皇帝，为他拭泪，自己也开始抽泣起来。

又向西行了约两刻钟，便接近了渭水便桥，这时，杨国忠已快马先行在这里等候。

当杨国忠从前向后观望皇上一行的队伍时，却发现又多了几辆车乘，队尾似乎还有许多长安百姓紧追而来。

杨国忠迎向唐玄宗，等车缓慢下来之后，杨国忠向车中禀奏道："陛下，如今我们即将过渭水便桥，我已检查了桥的安全，并安排了守兵护住桥之两端，请陛下放心过桥。"

皇上对杨国忠的谄媚很不以为然。他正想着杨国忠的话，不想杨国忠又开口了："我们走后，长安城将留给叛贼，安禄山这个逆胡将闻讯而至，到城中盗尽珍宝钱粮，臣下有一建议……"

"什么建议？难道我们能将这些东西全部带走吗？"唐玄宗悲凄地打断杨国忠的话说。

"不，我建议现在即派快马十骑，放火烧掉左藏库物，以免将其留给盗贼，为虎添翼。"杨国忠的建议讲明白了，唐玄宗却当着这位宰相掉下了两行热泪。

回想自大唐开元以来40多年，国力强盛，经济繁荣，大江南北连年丰稔，不但河南河北粮食充裕，官仓户仓皆满，江南的稻米也穗大粒圆，通过隋代开凿的大运河源源不断地运往东都洛阳，再由洛阳西运长安。丰收之后的地方土贡产品，一年超过一年，长安左藏库中粮食陈陈相因，常有致腐朽而不可食者，只得以新米代旧米。国库中的开元通宝之钱，更是积贮多年，有的已经是贯朽而不可校，就在杨国忠任宰相时，唐玄宗还曾亲自组织京城百官参观左藏，唐玄宗曾当着众臣的面夸奖杨国忠是个好管家。这种场面虽已过多年，却好似就在昨天。唐玄宗如今却听杨国忠上奏要亲自派人烧掉左藏库，心中一片愕然。

唐玄宗不仅为杨国忠着想，也为百姓耕耘收获而想，他温和地对杨国忠说："左藏东、西二库，贮积已满，都是百姓的劳作果实，叛贼若打进长安而不得此，必然还要向百姓横征暴敛，不如将其保存下来，留与叛贼，也好使朕的赤子免遭盘剥。"

杨国忠听此言，无动于衷，倒是御辇前后左右的卫兵和内侍听后却全都流下了热泪，他们体会到了唐玄宗对平民百姓的怜悯之心。

唐玄宗出逃的队伍在天亮时，匆匆过了渭水便桥。这是一座古老的木桥，建于汉武帝时代。当时，汉武帝为从长安通往茂陵而建，因该桥与长安的便门相对而称便桥。因此桥位于咸阳境内，也称其为咸阳桥。实际上，它是长安城外过渭水时的第二大桥，位于西面，人们又称其为西渭桥，桥上有几座石墩，桥面曾在前年秋天重修过，很结实。唐玄宗的车骑走上桥后，一阵隆隆作响，因队伍太长，御辇过桥数里之后，桥上仍响声不绝。

唐玄宗在弯路上回头一望，车队蜿蜒，十几里不见车尾，心情十分沉重。

这时，杨国忠纵马来到唐玄宗车旁，他身上挂满泥土，可以想见，他的马骑是前后穿梭于队伍之中的。

杨国忠这次是向皇上报告：后面的队伍越拉越长，长安百姓闻皇上已离京城，纷纷携家带口，朝这方追来。加上现在天已大亮，细雨停止，沿途不断有百姓随队伍一起逃向西南。

杨国忠建议说："若再照此下去，我们的队伍将是一条看不到尾巴的长蛇，永远难以迅速进发。因此必须减轻这条路的压力，截断追随的百姓，办法便是放火焚桥。"

唐玄宗一听，不假思索地回答说："焚桥一事断然不可为。今天下百姓惊惶至极，各求生路，若烧断便桥，必陡增人怨，实在不可。"

然而，唐玄宗何尝不知道百姓尾随逃跑的后果，于是他在讲完制止焚桥的话之后，又命人不断巡视后面的情况，随时报告。

在杨国忠与唐玄宗对话之后，杨贵妃顺便询问了杨国忠妻子家人的情况，杨国忠回答，自己的家人正在长安义宁坊护家，并未随皇上的队伍清早出城。

杨贵妃的哀悯之情陡然升起，忙让杨国忠快去通知家人一同前来，可杨国忠却并不着急，他说："等城门一开，家人便会在杨暄率领下，由开远门迅速赶来。"

杨贵妃放心地坐下，御辇继续向西南进发。

杨贵妃不知，杨国忠对自己的家眷早已做好了安排，他之所以让他们晚走一步，也是为了让家人沿一条无人尾随的捷径，快速离开京师，奔向西南蜀地。

在长安城内，倒是有许多文武朝臣，对皇上的逃走全然不知。到了这天早晨，上朝时间一到，照样有20多位大臣至兴庆宫"入朝"，但当他们到了宫门之后，宫内却是一片寂静。突然门一开，从宫中冲出了一群宦官和侍女，他们冲着上朝的百官边叫嚷皇上不见了，边向兴庆宫外跑去。

顿时，兴庆宫一片哗然。那20几位朝臣至此才知道皇上已在天未亮时出了京城。其中大多数便奔回府第，收拾起行装，乘车马出城；也有两位大骂杨国忠阴毒心辣，罪该万死。

顿时，皇上逃走的消息从兴庆宫传遍了街巷里坊、市间庵寺，直至整个长安城王公士民以及僧尼、道冠争相逃窜，纷纷挤出城门。

而在长安官民迅速离城之时，城外又有不少村野百姓闯入城内，其中有些人不明底细，以为皇城所在，最为安全，逃匿入城，就可保命；也有的认为，皇城混乱，正是大捞一把的千载良机。于是他们冲入宫禁，盗取金银财宝，珍奇珠玉，有的人竟然骑着毛驴闯进了昔日唐玄宗会见朝臣的圣殿。抢掠之后，宫殿为之一空，更有没抢到宝物者，纵火烧了几处建筑。

唐玄宗秘密逃出长安后，村野百姓对左藏库哄抢之后，燃起了熊熊大火，烟尘十几里，火光数十丈，此时远在数百里之外的安禄山还不知唐玄宗已经弃城而逃。

西逃的队伍越拉越长，行进的速度也逐渐缓慢了下来，时时有人向皇上报告情况。

在皇上身边的高力士发现了车队变慢的情况，马上派人超前15里观察地形和民情，并嘱咐内常侍王洛卿尽量少汇报中队及后队的情形，少照顾后面，争取时间，快步前进。

就在高力士吩咐完先遣人员，并抽调了10名龙武军骑兵加强御辇防卫之后，却有人报告：中队的士兵有5人逃跑。

高力士听后十分惊愕，但他并未将此消息报告给皇上。他悄悄和杨国忠商量，决定组成一支精干的监察小组，让他们随时掌握军士的动向，并处治违令军人。

队伍行进了两个时辰之后，高力士估计已离城40多里，再往前走，即将到达咸阳县东五里的望贤宫。高力士与杨国忠商定，到望贤宫内稍事休息，让皇上、贵妃及其人马进食。高力士将这个决定告诉了唐玄宗和杨贵妃杨玉环。

就在队伍即将到达望贤宫之时，又有人报告长安城冲来一队人，搅乱预先排定的中队。报告的人又对杨国忠说："太子正在全力将那队人马分开，把他们另编一队，不知效果如何。"

杨国忠说："太子智谋过人，他定会整齐队伍、清肃卫队的，此事不必声张了。"

连高力士也不知后面的情况，杨国忠也未和他讲太子正在中队里维持秩序。

唐玄宗在车中听到的只是队伍按序行进的报告，他一逃出长安城，心里就踏实了，并且认为多走一里路，就会多一分安全。

从出发时开始，唐玄宗一直在车中睁大双眼，时而目视前方，时而撩帷四望，时而听人报告，时而下令快行，但当队伍到望贤宫休息时，唐玄宗却合上了眼皮，做出养神之状。当然，唐玄宗并未睡觉，他缓缓地问杨贵妃："爱妃，你二姐来了没有？"

杨贵妃见皇上问虢国夫人，便说："二姐在中队，国忠已安排好了！只是这杨国忠真是为皇上着想，他竟然没有让他自己的家人同来。"

"国忠的确忠于国家，忠于王室，忠于大唐天子啊！朕给他赐的名字是名如其人啊！"

贵妃也附和几句称赞杨国忠的话，并怒骂了安禄山几句。

辰时已过，太阳从薄云中露出头来，望贤宫已遥遥可见。高力士传下命令：队伍到咸阳宫休息，幸蜀行至第一程。

从金城西行只有五里，便是昔日的兴平县了，兴平故城的人昨夜都已逃了。杨国忠与高力士商量，决定以兴平西北33里的马嵬驿为中午的休息地，鉴于昨天的教训，他们派了一支精干的先遣队先行，去前面部署住宿和膳食。

在兴平，谢阿蛮自后面赶了上来，她向皇上和贵妃报告了所见到的情况。她说："太子殿下断后的车队刚刚从金城启程，不知怎的，又有一批官员被阻隔，而一批羽林军骑兵却到了前面，和诸蕃外国队伍杂在一起。"

唐玄宗听了，沉吟着说："百官队、诸王室队原来都在一起的，现在怎么都分开了？看来得整顿一下行进秩序了。"

杨玉环制止了皇上。她说现在都在行进中，一整顿又要耽误时间了，不如到了马嵬驿再说。皇上同意了。

马嵬驿是长安西路的甲级大驿之一，道北是驿舍，另有营房，道南则有驿亭，还有一个小佛堂。

将近中午时，车驾缓缓进入马嵬坡。

唐玄宗传命，他与贵妃住道南的驿亭，而道北的驿舍房间多，供百官和诸王及宫眷们休息。

已是中午，太阳十分毒辣，六军都已疲惫，幸而先派来的人没有逃跑，饭很快造好了，吃了饭，军士们都东倒西歪地躺在地下。

贵妃和皇上进入驿亭，贵妃到隔壁的佛堂去，换了一身干净衣服，并梳洗过，她在侍女的帮助下，仔细地化了妆，她不愿意把一副狼狈的逃亡形象留给皇上。

当光彩照人的杨贵妃走出佛堂，重新站在皇上面前时，唐玄宗惊讶得说不出话来。一天多的仓皇逃窜，他无暇顾及贵妃的穿着与打扮，到了马嵬坡，贵妃的美丽使他不敢相信是在逃亡中。

"三郎，你看看我，这样打扮好吗？在逃亡中，会不会……"

"好，好，太美了，玉环，你永远是那么漂亮、年轻——"

唐玄宗看着玉环那媚人的笑靥，上前去抱住她，他吻着她那鲜丽的脸庞。

"三郎，你瘦多了，这些日子，你太累了，到了蜀中，你得好好调理调理，我会给你做几样地道的菜吃。"

"你会做菜——这倒有趣，真看不出来。"

"是阿怡教我的，阿怡会做，她干什么都行的！"

"那好吧，我叫阿怡来做，你是贵妃，哪有亲自当厨子的。"

正在说着，外面忽然起了喧哗的嘈杂声，嘈杂声由远而近，由小变大。

皇上和贵妃吃了一惊，皇上马上让内侍去打听。

此时，驿亭外，有人惊叫、奔跑，一个苍老而洪亮的声音在喊："不可，圣驾在此——勿惊圣驾！"

他们听出，这是高力士的声音，唐玄宗向贵妃说："玉环，好像有兵变。"说着就往外走。

"陛下，不可贸然出去！"杨玉环忙出声劝阻。

外面高力士的声音又响起，可喧哗声把它淹没了。

突然，内侍张韬光和常清慌张奔入，气喘吁吁地说："陛下，不好了！龙武军哗变，正在追逐宰相。"

"高大将军呢？"皇上急切地问。

"高力士将军在外面已不能左右局面，恐怕——"

"如何？"贵妃也慌张了，她问，"还有陈大将军——"

"陈大将军好像与叛军是一伙儿的……"

这使皇上更加慌张起来，连陈玄礼这样的亲信也叛变了吗？

外面的哗变首先是冲着宰相杨国忠的。

杨国忠在午饭前被一群饥饿的吐蕃使者团团围住。杨国忠向他们解释着。突然，禁军中有人大呼："杨国忠勾结吐蕃谋反！"

"杀了他，以谢天下！"

于是有人向杨国忠放箭。杨国忠见形势不妙，飞身上马向西急驰，但在另一边也出现了喊叫的士兵，杨国忠的相府卫士及家丁上前阻拦，被哗变士兵砍翻了。此时，杨国忠中箭从马上跌落下来……哗变的士兵冲上来，把他乱刀砍死了！杨国忠的儿子杨暄也同时被杀。

御史大夫魏方进听到喊叫，忙从临时办公的土屋中奔出，见宰相被杀，他不知深浅地怒喝哗变的士兵，结果也被乱刀砍死……

左相韦见素也奔出来了，还未说话，一名士兵挥长戈打中了韦见素的头，韦见素顿时血流满面……叛军中一名军官大喝："他是韦相公，不可伤他！"

听到喊叫，那些士兵停止了攻击。

在逐杀杨国忠父子的同时，一些军官带领一批军卒向驿亭附近聚拢，很快有了几百人。

高力士发现了问题的严重性，他高声疾呼，但不起作用，他三面被包围，随时有被诛杀的可能。高力士并不害怕，他只为皇上与贵妃的安危而担忧着。他随着哗变将卒的进逼而后退，以自己的身体护着通向驿亭的正门。但这阻挡只是象征性的，他身后十几名内侍已面无人色，而且正慢慢退开，距驿亭台阶只有十几尺了。

兵士还在增加，叫嚷声越来越嘈杂了。

此时龙武大将军陈玄礼在众军官的簇拥下出现了，高力士见了他，强抑着愤怒，问：“大将军，请约退将士，有什么事可以慢慢商量——”

陈玄礼应着是，不断地向后队的兵做手势，乱兵安静下来，向后退了十几步。

高力士看出陈玄礼是乱兵的关键人物，他只对陈玄礼发话：“玄礼，到底发生了什么事？希望不要惊动圣驾！”

“军中有变，高公公，我也难以控制。”他让身边的一名将军向高力士报告。

“大将军，杨国忠私通吐蕃，图谋不轨，六军将士因为时机危急，自行发难，已诛杨国忠父子！”

高力士此时非常冷静，他严肃地说：“六军将士忠于皇帝陛下，宰相谋反，罪不容赦，请陈大将军慰劳将士，我就奏闻，让皇帝嘉奖！”

大家不再喧哗，但谁也不肯离去。

这时，有人用竹竿挑着杨国忠父子血淋淋的人头奔过来，众人又一片哗然。

同时缠了绷带的左相韦见素和他的儿子韦谔以及另外三名文官也走了来,他们好像是被胁迫而至。

就在这个时候,唐玄宗出现了。他拄着一根竹杖,脸色阴沉,目光锐利,直视着最前面的陈玄礼和几个将领。陈玄礼和几个将领低着头,不敢看唐玄宗威严的脸,他们向唐玄宗下拜,但群集的兵士们,却木然而立,毫无表情。唐玄宗对陈玄礼说:"我都听到了,宰相罪状言当宣布,请各军先行归队!"

陈玄礼左右看看,将士们似不见动静,士兵们又喧哗起来。

陈玄礼只好向皇帝奏请:"陛下,六军将士以为——"陈玄礼吃力地说,"杨国忠谋反,贵妃不宜供奉,六军将士请皇上割恩正法!"

犹如当头一棍,犹如千钧雷霆,唐玄宗的头脑中"嗡"的一声,他几乎不敢相信自己的耳朵。他强拄着竹杖,由惊转悲,由悲转怒,愤愤地说道:"朕乃大唐天子,贵妃之事,朕当自处,任何人不准胡言!"说完便弃了手杖,转身回屋。高力士发现,皇上的全身都在颤抖。

皇上一走,军中喊叫声又震天动地了,高力士、陈玄礼谁都无法控制局面了,后退的军士们又向前拥来。

唐玄宗听到喊声炸起,大有挺身让乱兵杀死的勇气,又一次扶着墙壁来到门口,高力士忙上前扶住皇上。

最难让唐玄宗接受的就是斩杀杨玉环,这不仅因为杨玉环曾与他七夕共誓，更因为他们的爱情如山高，比海深。唐玄宗宁可自己去死，也不能让人动杨玉环的一根毫毛。

可眼下的情况又变了，唐玄宗出现之后，军士中三名壮士举刀前来，跪在地上，同声劝皇上舍弃爱妃，以正国法，说完，三壮士各自引刀刎颈，扑地而死，鲜血溅红了皇上脚下的石阶。

唐玄宗悲愤交集，不能言语，只见又有两名壮士前来，口中说道："若陛下不杀爱妃，我六军将士将血染马嵬坡。"说罢，又自杀身亡。

陈玄礼激动了！高力士害怕了。六军将士的双眼血红了，唐玄宗的精神快要崩溃了。

"高公公，今军情至此，将士不达目的绝不会罢休，请公公说服皇上。"陈玄礼不忍再有士兵以死相谏了，他是个爱兵的大将军。

高力士对皇上说："陛下，眼下局面，老奴无能为力了。"力士说罢，眼泪唰唰往下掉，十分凄苦地又哭着补充，"老奴有负圣恩。"

唐玄宗十分清楚，高力士已不能阻止军士们要杀贵妃的请求，他不看六军将士，也不看高力士，而是仰天长叹，凭泪洗面。忽然，皇上转过身去，愤然入内。

驿舍外的消息，随时有人报告给贵妃。杨贵妃挣脱不了谢阿蛮等人的拉扯，便苦苦哀求："阿蛮，你在宫中多年，最知娘娘钟爱皇上，如今六军作乱，哗变之势一旦扩大，便会弑君造反。你想想，若皇上此时见不到我，我们怎能安眠于地下？"

谢阿蛮被杨贵妃的话打动了，在内侍的引导下，阿蛮为贵妃披了一件斗篷，从后门回到了驿舍，见到了唐玄宗，二人抱头大哭。

"陛下，外面的情况内侍们都对我讲了，我愿以死换得皇上平安……"

杨贵妃实在说不下去了。

"不，这决不可以，陈玄礼他们在胡闹！杨国忠即使谋反，又与你何干？只要我李隆基还在，就决不会让他们伤你一根毫毛。"

唐玄宗的话是在哽咽中说完的，他那颤抖的双手，一直没有放开杨贵妃的臂膀。

在内侍传话的同时，高力士、陈玄礼和韦见素之子韦谔一同入见皇上。

高力士惊奇地发现，杨贵妃正在皇上的怀中，他还以为贵妃仍在佛堂或已逃走，想不到这种场面被他和陈玄礼等人同时遇见了，看来，贵妃劫数难逃了。

高力士进屋未及开口，先向皇上和贵妃跪下了，然后才慢慢地开口说："陛下，群情义愤，老奴再请……"

"不用讲了！"唐玄宗推开贵妃，指向高力士，"你们串通一气，陷害忠良，贵妃有何罪责？"

任职京兆司录的韦见素之子韦谔，年轻气盛，全不管眼前皇上的哀怜相，上前一步单腿跪拜道："请陛下处斩贵妃，割爱为国！"

"处死贵妃，割爱为国！"这正是门外六军哗变将士的一致呼声，唐玄宗和杨贵妃在屋中也可清楚地听到门外将士的叫喊。但韦谔一手扶刀，一手按地，在皇上和贵妃脚下说出此话，却使贵妃和在场的所有内侍、宫女吓出了一身冷汗，就连谢阿蛮都躲到了墙角。

韦谔的动作果断而迅速，他的声音高亢而激昂，戛然截断了屋中的哭泣、哀求之声，但韦谔的头却仍然低着。

还是唐玄宗老练，他冲着陈玄礼说："你们是在仿安禄山，先杀宰相，再杀贵妃，再弑我大唐天子，对不对？"

陈玄礼兵乱以来第一次跪下了，他恳切地说："启禀陛下，我承皇恩甚厚，如何敢忘恩负义？只是六军兵士众怒难犯，若不杀贵妃，六军不动，安禄山追兵一到，我们几千人马如何抵得住十几万叛军，那时恐怕无一人能够幸免，故恳请陛下顺应六军之请。"

唐玄宗全身瑟瑟发抖，他的胡须也在明显地颤动。

"为什么？这究竟是为什么？杨国忠谋反，贵妃久居后宫，如何知道？何以害她这柔弱女子呀！"唐玄宗仍在坚持保护贵妃。

门外的喧哗声渐大，头上包裹着血淋淋白布的宰相韦见素跪门而入，随韦见素进来的，还有两名羽林军中的将校。

唐玄宗知道杨宰相已死，韦相公受伤，但见到韦相公从头到脚的斑斑血迹，不禁更加惊悸和愤怒。

高力士不等韦相公发言，便想出一个折中的办法，奏请道："臣请陛下赐贵妃自尽，以慰将士。"

杨贵妃扑向了唐玄宗，唐玄宗丧失了最后的勇气，他既不再争辩贵妃不该死，也说不出赐死的旨令，只是紧紧搂住贵妃的头。

"陛下，龙武大将军及众将军已尽力慰抚哗兵，但众怒难平。"这是韦见素的话，他接着说，"杨右相已被诛，众将士认为贵妃为谋反之本，众意不可转，贵妃不宜留在陛下身边了。"

唐玄宗温和地一挥手，令众人出去，屋内只剩下了他和杨贵妃。皇上将贵妃扶入了内屋。

在高力士等人刚刚出门一会儿，唐玄宗也出来了，他递给高力士一条白练。

高力士立刻明白了，马上当众宣布："皇上圣明，以江山为重，已赐贵妃自缢。"

阶下将士一片欢声，戳枪顿戟，震天动地，众人一下后退了五六丈远。

唐玄宗终于接受了高力士的请求，不得已明白了"六军安则陛下安"的道理。

陈玄礼立即命手下将校传谕："皇上已赐贵妃死。"

高力士抓住机会，握住陈玄礼的手说："皇上圣明，请令诸将士山呼万岁。"然后，高力士率先高呼，六军皆应，"皇帝万岁"的呼声又响成了一片。

唐玄宗进屋，张臂紧紧搂住心爱的贵妃，泣不成声："老夫无能，未能保住爱妃性命，愿我在九泉之下做你的牛马。"

"三郎，我在有生之年，独得圣上荣宠，这是我的三生之幸。人生百岁，终有一死，我无怨无悔，愿陛下珍重。"

杨贵妃的眼泪已使她脸上的妆粉与口红混为一片，胸襟早被她和皇上的泪水打湿。

唐玄宗不忍再看贵妃了，他的心都碎了。这不仅仅是一般人生的离情别绪，而是堂堂皇上要赐爱妃死刑！两人的心中无异于刀绞！

皇上离开内室，来到外堂，只见门外"万岁""万万岁"的欢呼声此起彼落，空前壮观。这时，高力士满头大汗地再见皇上。

"老奴罪不容赦，陛下，请贵妃抓住时机……"力士的话显然是在催促贵妃自尽。

杨玉环擦干了泪水，从内室从容而出，长吐了一口气说："陛下珍重，臣妾永辞……"

杨贵妃本想临死前干干净净，再给皇上留下一个美好的印象，但她的辞别之语未完，终于又泪流不止，掩盖了红颜。

"愿爱妃善地受生。"唐玄宗向高力士发出指令，也像是最后祝愿杨贵妃死后升天，有慈佛接引。

高力士聪慧过人，明白皇上要让贵妃自缢于清洁之处，于是擅自传令内侍："奉贵妃入佛堂！"宦官和侍女们目睹了一切，拥着贵妃出门去了。唐玄宗毅然入内，不忍再看。

"送贵妃大行——"高力士出门后，长持长帛，朝众人大喊。

随行的内侍强忍悲痛，搀扶着贵妃进入佛寺，要眼看着这位昔日的娘娘吊死树下。

绝望了的贵妃双腿发软，又感僵硬，她已无力举步，完全是由侍女们架到寺中的。

佛寺门口，早已有持刀的军士肃立。杨贵妃侧门入寺，在院中一棵梨树下停了下来。

高力士命人以帐幔围住梨树，将长帛拴上树杈，令内侍抱贵妃上了圈套，白练紧紧勒住了杨玉环细嫩的脖颈。内侍松手的一瞬间，杨玉环这位38岁的贵妇人从嗓子中挤出一声叫喊，便再没了声息。

围帐内一片森严肃静，梨树枝梢猛然晃动了数下，便纹丝不动了，一切归于沉寂。

帐外，号叫的士兵们也静了下来，高力士又命一名内侍报告皇上："贵妃已礼佛毕。"意思是贵妃已经自尽。

高力士主持的贵妃自缢结束了，这位宫廷老奴将杨贵妃侍候至死，便离开佛堂，拉上陈玄礼向皇上再次"请罪"。

佛堂的军士和内侍们连忙打开梨树下的帷帐，他们要亲眼看看吊死的皇妃。只见白练上吊着杨玉环，披风和锦袍均已滑落至踝，双目如鱼，鼓珠在外，红舌长吐，面目吓人。在场的侍女们一阵尖叫，又一阵号哭，哭声传出了佛寺，传遍了驿站，传入了九霄。

爱恨情愁，思念成殇

局外人往往把杨氏兄妹连在一起。而唐玄宗深知，这场"四海震荡"的祸乱绝不能由杨贵妃来承担主要责任。他对杨国忠是恨，对杨贵妃还是爱。传说，贵妃刚死，唐玄宗长叹息，叫高力士拿着南方进贡的荔枝，祭奠贵妃亡灵。次日，唐玄宗骑马离开马嵬驿，拿着荔枝对乐师张野狐说："此去剑门，鸟啼花落，水绿山青，无非助朕悲悼妃子之由也。"显然这是传奇小说以荔枝做文章的虚构故事情节，意在强调唐玄宗对贵妃的深情。

唐玄宗谱曲悼念杨贵妃，当是行进在蜀道上。《长恨歌》云："蜀江水碧蜀山青……夜雨闻铃肠断声。"

《唐玄宗杂录》补遗载："唐玄宗既幸蜀，西南行初入斜谷，属霖雨涉旬，于栈道雨中闻铃，音与山相应，上（唐玄宗）既悼念贵妃，采其声为《雨霖铃》曲，以寄恨焉。"唐玄宗对杨贵妃的无限怀念跃然纸上。

反省常离不开回忆。年逾古稀的唐玄宗，除了思念爱妃，再多的便是回顾往昔政坛中的各种人物。至德元年十月，唐肃宗在彭原，由房琯挂帅，率三军进讨长安叛军。消息传到成都，唐玄宗跟"颇精历代史"的给事中裴士淹互相品评人物。唐玄宗认为，房琯为将，"此不足以破贼也"。接着，历评诸将，都说"非灭贼材"。后来，唐玄宗提起姚崇的宏才远略，说："若姚崇在此，贼不足灭也。"可见，唐玄宗对姚崇深怀敬佩之情。

唐玄宗阅历丰富，识别将相的才能，还是有点眼力的。房琯是文才，而不是将才。房琯率师次便桥，交战时，竟搬用什么春秋时期的"车战之法"，结果被叛军打得大败。房琯败回彭原，肉袒请罪，经李泌说情，唐玄宗才谅宥了他。房琯"不足以破贼"，果然不出唐玄宗所料。

怀念姚崇的同时，唐玄宗对李林甫也有所评论。大概经历了劫难，容易看清奸相的本质。唐玄宗说："是子妒贤嫉能，举无比昔。"裴士淹趁机问道："陛下诚知之，何任之久邪？"唐玄宗默然不应，无言对答。看来，唐玄宗企图通过品评十余宰臣，要总结一些经验教训，但是，他的反省没有紧密地联系自己。裴士淹故意刺激他，效果也并不显著。

安禄山叛乱的爆发，使唐玄宗越来越觉得张九龄预言的正确性。他跟裴士淹品评历来宰相时，对张九龄十分敬重。史载："唐玄宗至蜀，每思张曲江则泣下。"至德二年三月，思念张九龄的先见之明，"遣使韶州祭之，兼赍货币，以恤其家，其诰辞刻于白石山屋壁间"。

开元二十四年，幽州节度使张守珪派遣安禄山讨伐溪、契丹，安禄山恃勇轻敌，盲目挺进，结果大败。安禄山被执送东都，将按军法处置。宰相张九龄认为，严肃军令，像安禄山那样冒失致败，不宜免死。唐玄宗觉得安禄山骁勇，仅免官算了。张九龄说："禄山狼子野心，面有逆相，臣请因罪戮之，冀绝后患。"唐玄宗不听，把安禄山放回去了。然而，不管张九龄有何等的先见之明，绝不可能预料到20年后安禄山叛乱的发生。看来，张九龄只是认为安禄山奸诈阴险，不宜重用，对边防重镇将领的任命表示了某些忧患，故借题发挥，以耸听的危言来告诫唐玄宗，却不幸言中了！

唐玄宗在成都毕竟有所觉悟，怀念姚崇，追思张九龄，还是诚心诚意的。身处逆境，从比较之中，对开元盛世充满着美好的回忆。而这在开元时期自然是体验不到的，所以那时心忌张九龄，将其逐之乡里。20年后，遣中使至韶州曲江，祭拜张九龄之灵，这是唐玄宗在弥补自己的过错。

至德二年九十月间，唐军相继克复长安与洛阳，为太上皇重返京师创造了条件。平叛斗争开辟了一个全新的局面，"再辟寰宇，重会父子"。

安禄山称帝后，一直坐镇洛阳，过着荒淫无耻的生活。他原先患的眼疾，愈来愈重，几乎昏昧看不见。眼疾固然使他无法奔波于战场，更严重的还是他没有"雄据四海之志"，不得人心。深受叛乱之害的两京人民，越来越想念唐王朝。有一次，安禄山在洛阳禁苑凝碧池欢宴群臣，盛奏众乐。乐工雷海清不胜悲愤，把乐器摔在地上，面向西方，号啕大哭，结果被缚在试马殿前，肢解而死。

至德二年正月，叛军内部明争暗夺。安禄山本人双目失明，深居内宫，性情暴躁。儿子安庆绪勾结严庄，指使阉宦李猪儿，用大刀砍死睡梦中的安禄山。自范阳起兵，至此仅14个月，安禄山当了一年的皇帝。安庆绪即帝位，日夜纵酒为乐，比其父更加昏庸。这种状况，为唐朝军队的反攻创造了有利条件。

同年二月，唐肃宗进驻凤翔，军队人员与供养都得到了加强。这时，关于战略反攻问题有两种意见：一是主张先取范阳、除贼巢穴，以李泌为代表；二是主张先收复两京，以唐肃宗为代表。对于先取范，如果确实有力量做到，那就会使祸乱"根本永绝"。半年多前，郭子仪和李光弼就曾提出过"覆其巢"的战略方针。但是，从实力对比来看，是很难实现的。河北地区是安禄山经营多年的根据地，影响深远；史思明大军驻扎，战斗力相当强。李泌预料"不过二年，天下无寇矣"，似乎"覆其巢穴……必成擒矣"，实在不符合客观实际。

唐肃宗出于政治原因，决定先收复两京，他觉得堂堂天子，连两京都保不住，这像话吗？半年多前，唐玄宗急于出潼关、收东京，就是受到这种情绪的支配。唐肃宗既然当了皇帝，就绝不会采纳李泌的战略方针，务必先要收复两京。表面上声称"朕切于晨昏之恋"，急于收复两京，以迎太上皇。明末清初的思想家王夫之曾指出，当时，"上皇在蜀，人心犹戴故君"，皇子诸王分别在各地掌握兵权，永王李都擅兵割据东南。在这种情势下，"肃宗若无疾复西京之大勋，孤处西隅……高材捷足，先收平贼之功，区区适长之名未足以弹压天下也"。

战略方针确定之后，接着进行了好几个月的准备，唐肃宗劳飨诸将，遣攻长安。天下兵马副元帅郭子仪先期抵扶风。九月，支援唐王朝的回纥精兵4000余人，由怀仁可汗的儿子叶护率领，来到了凤翔。元帅广平王李俶与叶护约为兄弟，便率大军15万，"号二十万"，离开了凤翔至扶风，与郭子仪会合。紧接着，进驻长安西郊，列阵于香积寺北沣水之东。香积寺建于唐中宗神龙年间，在今陕西长安县韦曲镇西南的神禾原，旁有香积堰水流入长安城内，故名。唐军利用地势而展开，李嗣业为前军，郭子仪为中军，王思礼为后军。叛军约有10万人，于北边列阵。经过半天激烈的战斗，叛军大败，被斩首6万人。当天夜里，叛军将领与官吏逃离长安。第二天，唐军入城，沦陷达一年多的长安终于光复了，百姓老幼夹道欢呼悲泣，捷报传到凤翔，唐肃宗涕泗交颐。

唐军在长安停留三天后，又立即向东进发。郭子仪率军攻克潼关，收复华阴（今陕西华阴）、弘农（今河南灵宝）二郡。十月，在陕城西新店进行了一场决战。安庆绪尽发洛阳兵，加上长安败退下来的，犹有步骑15万，以严庄为帅。敌军依山而阵，郭子仪初战失利，幸亏回纥精骑袭击敌阵背后，叛军溃乱。郭子仪率唐军与回纥骑兵前后夹击，叛军大败。严庄等弃城东逃，广平王李俶和郭子仪等遂入陕城。第二天，安庆绪及其党羽见势不妙，夜里从洛阳苑门出逃，退走至河北邺城（今河南安阳市），步军不满1000人，马军才300人，狼狈至极。过了两天，广平王和郭子仪率军进入东京洛阳。自丢失洛阳，至此已有一年十个多月了。

就在收复长安的捷报传到凤翔时，唐肃宗派中使啖庭瑶入蜀，上表请太上皇唐玄宗返回京师，说自己仍当东宫太子。中使出发不久，李泌从长安回到凤翔，得知此事，认为表文写得不妥当，太上皇肯定不会来的。唐肃宗说，中使已经远去，表追不回来，怎么办呢？李泌建议，应当用"群臣贺表"的形式，而不能以肃宗皇帝的口气写，内容要讲"自马嵬请留，灵武劝进，及今成功，圣上（肃宗）思恋晨昏，请速还京以就孝养"，这样就行了。李泌当即起草表文。据说，唐肃宗读了，流下眼泪，深感自己做错了一件事。立刻派中使奉新表入蜀，以迎太上皇。

事情果然不出李泌所料。唐玄宗看了初奏表，彷徨不安，连饭都吃不进，说："当与我剑南一道自奉，不复东矣。"那副忧愁的样子，是决意不回京师了。过了几天，接到群臣奏表，"具言天子（肃宗）思恋晨昏，请促还以就孝养"。唐玄宗才高兴起来，说："吾方得为天子父！"

同年十月，前后两位中使回到凤翔，报告了太上皇的情况。唐肃宗知道父亲要回来了，便对李泌说："皆卿力也！"李泌深知皇室内部包括张良娣、李辅国以及广平王之间的争斗，不愿意卷入政治旋涡，便到衡山隐居了。次日，唐肃宗离凤翔，赴京师；同时派韦见素入蜀，奉迎太上皇。过了三天，唐肃宗到达成阳望贤宫，接到了克复东京的捷报。次日，唐肃宗入长安，欢呼的人群绵延20里不绝，士庶涕泣曰："不图复见吾君！"可见，长安百姓是拥护皇帝的，因为是他举起了平叛大旗。至于唐肃宗究竟是怎样即位的，谁也不会去过问。

"兴复"是人心所向。既然唐肃宗肩负起"兴复"大业，那么，由他坐上皇帝宝座，也就是理所当然的事。

说来真巧，唐肃宗进入长安之日，正是唐玄宗离开成都之时。这天，唐玄宗、高力士、陈玄礼以及禁军600余人，北上蜀道，沿着原来的路线，返回京师。

唐玄宗居蜀一年两个多月，虽然在政治上没有什么新的建树，但给蜀川士庶留下了较好的印象。唐玄宗离别成都以后，居住的行宫改为道士观，"治金作帝像，尽绘乘舆侍兵，每尹至，先拜祠，后视事"。直至唐代宗永泰元年，即唐玄宗离开成都近八年，节度使郭英乂喜欢竹树茂美的道士观，将它改为军营，移去唐玄宗真容，自居之。利州刺史崔旰宣称："英又反矣！不然，何得除毁唐玄宗真容而自居之。"描绘了已经逝世的唐玄宗的至尊地位。

唐玄宗一行北上，经巴西郡，来到险峻的剑门关，心情十分激动，赋诗一首。诗曰：

剑阁横云峻，銮舆出狩回。

翠屏千仞合，丹峰五丁开。

灌木萦旗转，仙云拂马来。

乘时方在德，嗟尔勒铭才。

据唐朝郑綮《开天传信记》载："上（唐玄宗）幸蜀回，车驾次剑门，门左右岩壁峭绝。上谓侍臣曰：'剑门天险若此，自古及今，败亡相继，岂非在德不在险耶？'因驻都题诗曰：'剑阁横云峻，銮舆出狩回……'其诗至德二年普安郡太守贾深勒于石壁，今存焉。"唐玄宗为自己能够返回京师而庆祝，所谓"灌木萦旗转，仙云拂马来"，正是兴奋心情的写照。他目睹剑门天险，联想到自古以来多少兴亡事，痛感"德"治的重要性。因此，在诗中唱起了"乘时方在德"的调子，大概流亡生活中的反省，使他有所觉悟了。

唐玄宗一行离别成都，经剑门，历汉中，过散关，于十一月丙申到达凤翔，共30天。行色匆匆，足见其返回京师的急切心情。

刚到凤翔，却发生了一件很不愉快的事。身居长安大明宫的唐肃宗，调发精骑3000人来凤翔"迎卫"；而唐玄宗随从禁卫600余人，"被贼臣李辅国诏取随驾甲仗"。李辅国本人并没有来凤翔，缴械似是他的主意，当然，唐肃宗是同意的，以"诏"令形式宣布将太上皇禁卫队的武器收取。面对这一突然而来的行动，唐玄宗无可奈何地说："临至王城，何用此物？"便命令将全部"甲兵"存放于当地武器库里。凤翔缴械事件，充分暴露了唐玄宗父子之间的猜忌。唐玄宗在凤翔停留了七八天，然后离开。

从凤翔到马嵬驿，约三天路程。唐玄宗在数千精骑的簇拥下，浩浩荡荡地向东行进，表面上似乎热烈，实际上心情沉重。唐玄宗的心境是悲凉的，对贵妃的怀念无法遏止。

情难自制，唐玄宗病亡

乾元元年冬十月寅，唐玄宗一度离开兴庆宫，到临潼华清宫避寒。当地父老纷纷出来迎接，都想看看阔别多年的唐玄宗。过去，唐玄宗每次来华清宫，都是骑马的，这回改乘"步辇"（轿）了。父老问为什么不像从前那样骑马打猎呢？唐玄宗说："吾老矣，岂复堪此？"父老士女们听了，无不悲泣。的确，太上皇唐玄宗年已74岁，经历动乱之后，显得苍老衰弱了。

到了华清宫，唐玄宗召见了著名的女伶谢阿蛮。看见谢阿蛮献舞，真是百感交集。舞罢，谢阿蛮拿出"金粟装臂环"给唐玄宗看，说这是杨贵妃赐赠的。唐玄宗"持之出涕，左右莫不呜咽"，目睹旧物，老泪纵横，引起了对杨贵妃的无限思念。

　　唐玄宗还叫著名乐师张野狐演奏《雨霖铃》曲以寄托哀思。在空荡寂静的华清宫里，奏此曲显得特别凄凉哀怨。曲未半，唐玄宗不觉流涕，左右感动，与之嘘唏！

　　唐玄宗以太上皇的身份，在华清宫里住了20多天，于十一月丁丑归回长安兴庆宫。从此以后直至逝世，再也没有机会到华清宫了。华清宫在唐玄宗最后的记忆里，竟是如此的悲凉，跟往昔喧闹嬉戏的情景相比较，犹有天壤之别。

　　思念贵妃的最大的事件，莫过于要用隆重的礼仪为杨贵妃改葬，隆重地为她造一座坟墓。两年半前，贵妃被缢死，草草地掩埋于马嵬坡，对此，唐玄宗一直深感内疚。

　　唐玄宗返回兴庆宫后，由于"追思贵妃不已"，便向肃宗提出派中使到马嵬坡祭奠。肃宗最初是同意的，下"诏"改葬杨贵妃。但是，礼部侍郎李揆竭力反对，"葬礼"也就作罢了。李揆反对的理由，反映了朝臣们包括龙武将官以及李辅国的意见。他们把杨贵妃之死跟杨国忠"负国兆乱"联系在一起，因此认为"葬礼不可行"。举行葬礼，等于否定了唐肃宗积极参与的马嵬驿事变，等于否定了龙武将士诛死杨氏兄妹的合理性。

　　既然不可能公开地举行葬礼，唐玄宗只得秘密地派宦官到马嵬驿，改葬杨贵妃。史载，刚挖开坟堆，只见紫褥包裹的尸体已经腐坏，而香囊仍在。用棺椁盛好尸体，埋葬于另一处墓地。宦官将香囊带回兴庆宫，献给了唐玄宗。唐玄宗虽然了却了改葬这件心事，但目睹香囊，凄婉流涕，仿佛杨贵妃又在眼前。于是，就叫画师王文郁画了一张贵妃像，放在别殿，朝夕视之。唐玄宗还写了这样的赞语："百岁光阴，宛如转毂。悲乐疾苦，横天相继。盛衰荣悴，俱为不足。忆昔宫中，尔颜类玉。助内躬蚕，倾输素服。有是美德，独无王福。生平雅容，清缣半幅。"称赞杨贵妃的美貌与美德。

唐玄宗重返兴庆宫的两年半里，生活上清静而悠闲，行动上还有一定的自由。然而，上元元年七月，被逼迁居于西内甘露殿，实际上是被幽禁起来了。

首先，由于史思明重新叛乱与洛阳再度沦陷，唐肃宗处于当年唐玄宗所面临的局势，为了防范别人乘机争夺皇位，不得不将太上皇管制起来。

史思明也是突厥胡人，与安禄山同乡里，早出生一天。此人姿瘦，少须发，鸢肩伛背，鄱目侧鼻，与安禄山肥胖的模样形成了鲜明的对比。小时候，两人相当要好，俱以骁勇闻名。范阳起兵后，史思明作为安禄山叛军的主将，转战于河北地区。及至安庆绪称帝，史思明根本不听从他的命令。当唐军收复两京，安庆绪败退至邺城时，史思明投降了唐朝。唐肃宗封他为归义王、范阳河北节度使。然而，史思明投降不过是要一个花招，他所控制的地区与兵力，并没有发生实质性的变化。过了半年，即乾元元年六月，史思明在范阳杀了唐朝使者，又重新叛乱了。

同年九月，唐肃宗命令郭子仪、李光弼等九位节度使，讨伐盘踞于邺城的安庆绪。十月，唐朝大军包围了邺城。安庆绪只得向史思明求救兵，以让皇位为条件。史思明妄图扩大个人势力，立即发范阳兵13万，南下中原，很快就攻占了魏州城（今河北大名县东北）。乾元二年正月初一，史思明在魏州自称"大圣燕王"。这时，李光弼建议：分兵两路，一路由郭、李率军围攻史思明，一路由其他七位节度使围攻安庆绪。待邺城攻下后，再集中力量消灭史思明。这个正确的建议，却被不懂指挥的观军容宣慰处置使、监军宦官鱼朝恩否定了。结果，史思明于二月乘势引兵向邺城，唐军则处处被动，以致失利，九节度使退出了河北地区。

乾元二年三月，史思明解邺城之围后，设计杀害了安庆绪。为了巩固范阳根据地，留下儿子史朝义守邺城，自己则引兵北还。四月，史思明在范阳称"大燕皇帝"，改元"顺天"，以范阳为"燕京"，"安史之乱"进入了后期阶段。

经过近半年的准备，史思明于乾元二年九月发动了新的军事攻势。除了留儿子史朝清守范阳外，调集河北诸郡叛军，分四路向河南汴州（今开封）进攻，汴州守将开城投降。接着，史思明率军乘胜西向，夺取了郑州。

镇守洛阳的李光弼，估计到叛军"乘胜而来"，难以抵挡，决定疏散洛阳吏民，"空其城"。李光弼本人率军士二万人，移守河

x

阳，以待时机再战。第二天，史思明入洛阳，只见空城一座，害怕李光弼有计谋，竟不敢入宫阙，退驻白马寺南一带。

乾元二年十月以后，史思明多次引兵东河阳，结果都被李光弼击退。既然一时攻不下河阳，史思明也就于上元元年闰三月从白马寺南，移军入洛阳城内，以此作为叛乱势力的统治中心。当时，连年饥荒，物价昂贵。为了克服经济上的危机，叛军曾向江淮地区抢掠，使富饶的江淮地区也遭到了一定的破坏。

东京洛阳再度沦陷，使唐肃宗深感不安。乾元二年十月，下制亲征史思明，群臣上表谏，乃止。这种局势，跟洛阳初次沦陷时唐玄宗的处境几乎相似，这势必加速了封建统治集团内部的争斗。

再者，父子矛盾逐渐恶化。唐肃宗作为太子时，就曾与父皇唐玄宗产生了深刻的矛盾。马嵬驿事变后便分道扬镳，各走各的路。肃宗收复两京，迎上皇回长安，彼此还是格格不入的。扶风缴械，反映了父子互相忌疑的心态。望贤宫里"重会父子"以后，才出现了和睦的场面。特别是叠加尊号，使唐肃宗感到皇位继承问题彻底解决了，于是不再多心了。因此，太上皇唐玄宗居住在兴庆宫的头一年里，唐肃宗对他的态度还算是好的。

乾元元年四月，唐肃宗进献炼石英金灶于兴庆宫。唐玄宗十分高兴，说："吾比年服药物，比为金灶，煮炼石英。自经寇戎，失其器用，前日晚际，思欲修营，一昨早期，遽闻进奉。"特地下诏表彰"天子之孝"。八月初五，庆贺唐玄宗生日（天长节），太上皇宴百官于金明门楼；十月，唐玄宗游幸华清宫，唐肃宗亲自送于霸上；十一月，唐玄宗回长安，肃宗迎于霸上。据载，唐肃宗亲自控上皇马辔百余步，诰止之，乃已。可见，父子之间维持着亲善的关系。

然而，第二年，即乾元二年，就很少看到太上皇的对外活动记载了。原因在于二人矛盾的激化：第一，在改葬杨贵妃问题上意见分歧，父子关系蒙上了一层阴影。第二，史思明重新叛乱，九节度使退出河北，洛阳再次失守，使封建统治集团内部关系也随着紧张起来。生性多疑的唐肃宗，又担心太上皇东山再起，担心某些人利用太上皇的威望而图谋不轨。唐玄宗住在兴庆宫，常常到南临大道的长安楼徘徊观览，下面过路的行人父老往往瞻望礼拜，高呼"万岁"。有时候，唐玄宗在楼下置酒宴请父老；有时候剑南奏事官也来看望太上皇，拜舞于长庆楼下，唐玄宗就叫玉真长公主和如仙媛招待他们。这些活动本来是很平常的，但在紧急的战争形势下，唐肃宗疑心太上皇"与外人交通"，似乎别有用心。

特别是唐玄宗与郭英乂的交往，更引人瞩目。郭英乂身为御林军大将军，掌管禁兵。唐玄宗常召郭英乂于长庆楼，赐宴款待，这不能不引起唐肃宗及其亲信们的疑心。上元元年四月，将郭英乂调离禁军，外任为陕州刺史、陕西节度、潼关防御等使。

由于太上皇与皇帝之间新的猜忌日益明朗化，所以李辅国敢于公开地向唐肃宗提出："上皇居兴庆宫，日与外我交通，陈玄礼、高力士谋不利于陛下。今六军将士尽灵武勋臣，皆反仄不安，臣晓喻不能解，不敢不以闻。"如此危言耸听，警告唐肃宗将面临兵变的危险。接着，李辅国说："上皇固无此意，其如群小何！陛下（肃宗）为天下主，当为社稷大计，消乱于未萌，岂得徇匹夫之孝！且兴庆宫与阊阎相参，垣墉浅露，非至尊所宜居。大内深严，奉迎居之，与彼何殊，又得杜绝小人荧惑圣听。"也就是说，要把唐玄宗幽禁起来，"消乱于未萌"。

在唐肃宗的默许之下，李辅国打着圣旨的名义，演出了一场逼宫的丑剧，把太上皇唐玄宗从兴庆宫迁居至西内。西内，即太极宫，与东内大明宫相对。

李辅国无疑是直接的策划者，此人耍弄权术的本领远远胜过唐肃宗。在马嵬驿事变中，他奔走牵线于陈玄礼与太子李亨之间，起了重要的作用。李亨称帝后，李辅国持权中宫，掌管禁军，"宰臣百司，不时奏事，皆因辅国上决"。但是，李辅国原本微贱，出身于飞龙小儿，太上皇及其左右如高力士与陈玄礼等都瞧不起他，这样，矛盾逐渐地激化了。在有些问题上，出面反对的是李揆，实际上背后是李辅国。因为李揆也是投靠李辅国的，"见辅国执子弟之礼"，称李辅国为"五父"。后来，李辅国假借诏令，撤走了兴庆宫里290匹马，仅留10匹。唐玄宗无可奈何地对高力士说："吾儿为辅国所惑，不得终孝矣。"两年前还在表彰"天子之孝"，如今蛮横的做法，真是对"孝"道的讽刺。

上元元年，七月丁未，李辅国"矫称"圣旨迎太上皇游幸西内太极宫。行至睿武门，李辅国率领射手500骑突然而出，露刃遮道，奏曰："皇帝以兴庆宫湫隘，迎上皇迁居大内。"原说是游幸，却变成了"迁居"。唐玄宗面对拔刀逼人的武士，蓦然一惊，几乎从坐骑上掉下来。高力士喝令李辅国休得无礼，李辅国才有所收敛。高力士又以太上皇的名义，向诸武士问好，告示不得以兵干乘舆。武士们都收刀再拜，口喊"万岁"。高力士还叫李辅国一起牵着太上皇的马，来到了西内太极宫。唐玄宗悲泣地对高力士说："微（没有）将军，阿瞒（唐玄宗小名）已为兵死鬼矣。"

唐玄宗被安置在西内甘露殿以后，高力士、陈玄礼以及原兴庆宫侍候人员一律不准留在左右，侍卫只有数十名老弱的卫兵。年迈的唐玄宗实际上是被幽禁起来了。他只得自我安慰说："兴庆宫，吾之王地，吾数以让皇帝，皇帝不受。今日之徙，亦吾志也。"兴庆宫是"飞龙"之地，从17岁赐宅兴庆坊算起，在这里断断续续地住了近60年。在这60年的变迁中，恰恰是唐王朝从鼎盛转入衰落的时期。

同一天，威迫唐玄宗迁居西内之后，李辅国与北门六军将领到东内大明宫见唐肃宗，"素服"请罪，唐肃宗反而慰劳说："南宫（兴庆宫）、西内，亦复何殊！卿等恐小人荧惑，防微杜渐，以安社稷，何所惧也！"这明显表明，幽禁太上皇，完全是出于唐肃宗政治上的需要，为了防止"小人"利用太上皇而图谋皇位。

过了9天，唐肃宗颁布制书，强调："力士潜通逆党，曲附凶徒，既怀枭獍之心，合就鲸鲵之戮。以其久侍帷幄，颇效勤劳，且舍殊死，可除名，长流巫州。"这是诬陷不实之词，当是李辅国为了打击报复高力士而指控的罪状。除了高力士流于巫州（今湖南黔阳县西南黔城镇）外，内侍宦官王承恩与魏悦分别流于播州（今贵州遵义）和溱州，勒令陈玄礼致仕（退休）。唐肃宗另选100多名宫女，负责西内宫殿的洒扫；叫唐玄宗的两个女儿，即万安公主与咸宜公主，侍候服膳。

这样，迁居西内的风波总算平息了。

唐玄宗幽居西内，至死也没有走出过这宫殿的范围。"西宫南苑多秋草，宫叶满阶红不扫。"在凄凉的禁闭的生活中，忆旧之情当然愈来愈强烈。

迁居西内之后，幽禁的境况是唐玄宗断断没有料到的。史称："上皇日以不怿，因不茹荤，辟谷，浸以成疾。"所谓"辟谷"，即不食五谷，是道家方士们的修炼方法。不过，此时此地，这种修炼方法不是慕长生、求神仙，而是以绝食抗议，发泄内心无法用语言表达的愤怒。精神上的禁锢，比肉体上的疾病更加痛苦。于是，唐玄宗又低吟着"刻木牵丝作老翁"的诗句，在死寂的岁月中，回顾往事，开元天宝的盛世景象历历在目，这难道不是"人生一梦"吗？

唐玄宗积郁成疾，终于病倒了，宝应元年四月初五逝世于西内神龙殿，亨年78岁。他留下《遗诰》，说："常惧有悔，以羞先灵。"是的，从治到乱，从明到昏，其中该有多少悔恨的事呵！对于先灵对于国家固然如此，对于宠爱的杨贵妃也有无限的内疚，真乃"天长地久有时尽，此恨绵绵无绝期"。

后　记

　　杨玉环如何使唐玄宗如此迷恋于她呢？是她的天生丽质，肌肤白皙如"凝脂"？是她的"回眸一笑百媚生"的迷人媚态？是她的羽服霓裳，能歌善舞？

　　杨玉环擅长歌舞、通晓音律、善解人意，唐玄宗极为喜欢，渐渐地陷于迷恋，不能自拔。杨玉环专宠后宫，仪体规制等同皇后。天宝初年，杨玉环被册封为贵妃。杨玉环何以如此迷人，令唐玄宗神魂颠倒，"春宵苦短日高起，从此君王不早朝"？唐玄宗会迷恋上杨玉环，固然有杨贵妃的个人魅力在起作用，而更主要的应是当时社会环境与皇家小家庭的变化在起决定作用。唐玄宗沉溺于与杨贵妃的花天酒地和骄奢淫逸，导致对政治逐渐失去兴趣，对国事也产生倦怠感。

　　有人说杨贵妃是吞金而死。这种说法仅见于刘禹锡所写的《马嵬行》一诗。刘氏之诗曾写道："绿野扶风道，黄尘马嵬行，路边杨贵人，坟高三四尺。乃问里中儿，皆言幸蜀时，军家诛佞幸，天子舍妖姬。群吏伏门屏，贵人牵帝衣，低回转美目，风日为天晖。贵人饮金屑，攸忽舜英暮，平生服杏丹，颜色真如故。"从这首诗来看，杨贵妃是吞金而死的。陈寅恪曾对这种说法颇感稀奇，并在《元白诗笺证稿》中做了考证。陈氏怀疑刘诗"贵人饮金屑"之语，是得自《里儿中》，故而才与众说有异。然而，陈氏并不排除杨贵妃在被缢死之前，也有可能吞过金，所以《里儿中》才传得此说。

后
记

263

还有人认为，杨贵妃并未死于马嵬驿，而是流落于民间。俞平伯在《论诗词曲杂著》中对白居易的《长恨歌》和陈鸿的《长恨歌传》做了考证。他认为白居易的《长恨歌》、陈鸿的《长恨歌传》之本意，盖另有所长。俞先生认为，杨贵妃并未死于马嵬驿。当时六军哗变，贵妃被劫，钗钿委地，诗中明言唐玄宗"救不得"，所以正史所载的赐死之诏旨，当时绝不会有。陈鸿的《长恨歌传》所言"使人牵之而去"，是说杨贵妃被使者牵去藏匿远地了。白居易《长恨歌》中说唐玄宗回銮后要为杨贵妃改葬，结果"马嵬坡下泥中土，不见玉颜空死处"，连尸骨都找不到，这就更证实贵妃未死于马嵬驿。值得注意的是，陈鸿作《长恨歌传》时，唯恐后人不明，特为点出："世所知者有《唐玄宗本纪》在。"而"世所不闻"者，今传有《长恨歌》，这分明暗示杨贵妃并未死。

本书从多角度对杨玉环进行了全面的解读。从其所处的年代、时代背景、社会政治等多方面讲述，为读者呈现了一个多样化的人物。这是一本能够使人了解一代美女杨玉环的人物传记，也是一本能够让人获益匪浅的好书。

在本书中，作者尽量考据事实和人与事，努力求其真实，尽可能在求真中用小说的技术来组织处理资料。书中主要人事发展，大致上与当时时事相吻合。

本书在编撰过程中参考大量资料，其中有历史文献、学者著作，也不乏一些历史爱好者们所著的图书和观点。凡所参考资料大部分已经过作者同意，并已付适当稿酬。但也因为各种原因，有些参考图书的作者无法联系上。如书中观点、内容雷同于贵君所著书籍，烦请您及时与我处联系获得稿酬。

联系方式：1798789501@qq.com